Krishnamurti: Über die Liebe

Krishnamurti

Über die Liebe

Aquamarin Verlag

ISBN 978-3-89427-074-2

Titel der englischen Originalausgabe:
On Love and Loneliness

6. Auflage 2014

Voglherd 1 • D-85567 Grafing

Deutsche Übersetzung: Ingeborg von Massenbach

Umschlaggestaltung: Annette Wagner
unter Verwendung von 55756 © Elena Ray – shutterstock.com

Druck: C.H Beck • Nördlingen

Inhalt

Wenn Sie keine Liebe haben, können Sie machen, was sie wollen, – hinter allen Göttern dieser Welt her sein, sich in alle sozialen Aktivitäten stürzen, versuchen, die Armut zu beseitigen, in die Politik gehen, Bücher und Gedichte schreiben – Sie sind trotzdem ein toter Mann. Ohne Liebe werden Ihre Probleme sich nur noch vergrößern und sich endlos vermehren. Doch mit Liebe können Sie machen, was sie wollen, da gibt es keine Gefahr, da gibt es keinen Konflikt. Dann ist Liebe das Wesen der Tugend.

Bombay, 21. Februar 1965

Vorwort

Jiddu Krishnamurti wurde 1895 in Indien geboren. Als er dreizehn Jahre alt war, nahm ihn die Theosophische Gesellschaft in ihre Obhut, die in ihm ein Vehikel des »Weltlehrers« sah, dessen Kommen die Gesellschaft verkündet hatte. Sehr bald aber sollte sich herausstellen, daß Krishnamurti ein kraftvoller, kompromißloser Lehrer war, den man in kein Schema pressen konnte, dessen Reden und Schriften an keine Religion gebunden waren, weder dem Osten noch dem Westen angehörten, sondern der ganzen Welt galten. Da er die Rolle des Messias entschlossen zurückwies, löste er 1929 die weltweite Organisation, die man um ihn herum aufgebaut hatte, dramatisch auf und erklärte, daß die Wahrheit ein »Pfadloses Land« sei, der man sich nicht über eine Religion, eine Philosophie oder eine Sekte nähern könnte.

Sein ganzes Leben lang wies Krishnamurti den Status eines Gurus zurück, den andere versuchten, ihm aufzudrängen. Er zog zahllose Zuhörer aus aller Welt an, lehnte es aber ab, eine Autorität zu sein. Er nahm keine Schüler an und sprach immer von Individuum zu Individuum. Der Kern seiner Lehre ist die Erkenntnis, daß nur die Transformation des Einzelbewußtseins fundamentale Veränderungen in der Gesellschaft bewirken kann. Ständig betonte er, wie wichtig Selbsterkenntnis sei und man verstehen müsse, daß die Einflüsse der Religionen und alle nationalen Konditionierungen einschränkend und trennend seien. Krishnamurti wies wiederholt darauf hin, wie wichtig und unerläßlich es ist, »für jenen riesigen Raum im Gehirn geöffnet zu sein, in dem unvorstellbare Energie steckt«. Dieser scheint die Quelle seiner eigenen Kreativität und der Schlüssel für seine transformatorische Wirkung auf Menschen der unterschiedlichsten Art gewesen zu sein.

Krishnamurti setzte seine Ansprachen in aller Welt bis zu seinem Tode fort. Er starb im Alter von neunzig Jahren. Seine Reden und Diskussionen, Bücher und Briefe werden in über sechzig Büchern und Hunderten von Tonbändern aufbewahrt. Eine Serie von Themenbüchern entstand aus dieser enormen Substanz. Jedes Buch ist dabei auf eine Thematik festgelegt, die in unserem Alltag besonders relevant und vorrangig ist.

Madras, 16. Dezember 1972

Bei der Erörterung dieser Fragen, die unsere alltäglichen Lebensprobleme sind, sollten wir bedenken, daß wir diese Untersuchung gemeinsam führen; gemeinsam unternehmen wir eine Reise in ziemlich komplexe Lebensfragen. Und um gemeinsam zu untersuchen, bedarf es einer Intensität eines geistigen Zustandes, der nicht an eine bestimmte Glaubensüberzeugung oder Schlußfolgerung gefesselt ist, sondern gewillt ist, sehr weit zu gehen, nicht in zeitlicher Hinsicht, sondern im Sinne von Tiefe.

Wir werden gemeinsam untersuchen, ob wir in unsere alltäglichen Beziehungen Ordnung bringen können; denn die Gesellschaft ist Beziehung. Die Beziehung zwischen Ihnen und mir, zwischen mir und einem anderen ist das Gerüst der Gesellschaft, d.h. Gerüst und Wesen der Gesellschaft sind die Beziehungen. Ich drücke das sehr einfach aus. Und wenn in dieser Beziehung keine Ordnung herrscht – wie es gegenwärtig keine Ordnung gibt – dann muß jede Art von Handlung nicht nur widersprüchlich sein, sondern auch sehr viel Leid, Elend, Verwirrung und Konflikt schaffen. Bitte, lassen Sie mich hier nicht nur allein reden, sondern nehmen Sie daran teil, weil wir vielleicht vertrauens- und rücksichtsvoll Hand in Hand zusammen eine Reise antreten. Wenn Sie nur dort sitzen und wie in einer Vorlesung zuhören, meine ich, können wir nicht Hand in Hand reisen. Beobachten Sie also bitte Ihre eigenen Gedanken, Ihre eigene Beziehung – egal welche es ist – zu Ihrer Frau, zu ihren Kindern, zu Ihren Nachbarn oder zu Ihrer Regierung, und prüfen Sie, ob in dieser Beziehung Ordnung herrscht;

denn wir brauchen Ordnung und Genauigkeit. Ordnung ist eine Tugend, Ordnung ist genau, rein und vollkommen; und wir wollen entdecken, ob es solche Ordnung gibt.

Niemand kann beziehungslos leben. Sie können sich in die Berge zurückziehen, ein Mönch, ein Sannyasi werden, Sie können allein in die Wüste gehen, aber Sie bleiben in Beziehung. Diesem unabänderlichen Tatbestand können Sie nicht entgehen. In Isolation können Sie nicht existieren. Vielleicht denkt Ihr Verstand, daß Sie in Isolation existieren oder einen Zustand der Isolation herbeiführen können – doch selbst dann noch stehen Sie in Beziehung. Das Leben ist Beziehung; zu leben heißt – in Beziehung zu sein. Wenn wir eine Mauer um uns errichtet haben und nur gelegentlich über diese Mauer hinübersehen, können wir nicht leben. Unbewußt, tief unter der Mauer sind wir miteinander in Beziehung. Ich glaube nicht, daß wir bisher dieser Beziehungsfrage sehr viel Aufmerksamkeit geschenkt haben. Ihre Bücher berichten nicht über Beziehung. Sie sprechen von Gott, von Praktiken und Methoden, wie man atmet, was man tun oder nicht tun darf; aber man hat mir gesagt, daß nichts über Beziehung darin steht.

Beziehung erfordert Verantwortlichkeit, wie es auch die Freiheit tut. In Beziehung zu sein, heißt zu leben – das ist das Dasein. Und wenn in dieser Beziehung Unordnung herrscht, wird unsere ganze Gesellschaft, unsere Kultur zerstört, was jetzt wirklich geschieht.

Was also ist Ordnung, was ist Freiheit und was ist Beziehung? Was ist Unordnung?

Wenn man im Geist, tief innerlich wirklich versteht, was Unordnung hervorruft, dann entsteht aus dieser Einsicht, aus diesem Gewahrwerden, aus dieser Beobachtung eine ganz natürliche Ordnung. Das ist kein Entwurf davon, was Ordnung sein sollte. Wir sind nach einem Ordnungs-Muster, das die Religionen, die Kulturen vorgefertigt haben, erzogen worden. Man hat versucht, sich dieser Ordnung anzupassen, ob es sich nun um eine kulturelle, eine soziale Ordnung, eine Rechtsordnung oder eine religiöse Ordnung handelt. Man hat versucht, sich dem Muster anzupassen, das durch die soziale Aktivität von bestimmten Führern und Lehrern etabliert worden ist. Für mich ist das keine Ordnung, weil sie mit Anpassung verbunden ist, und dort, wo man sich anpaßt, herrscht Unordnung. Wo man Autorität akzeptiert, ist Unordnung. Wo man sich im

Leben vergleicht – d.h. man mißt sich mit einem anderen, vergleicht sich mit einem anderen – herrscht Unordnung. Wir werden Ihnen den Grund dafür aufzeigen. Warum passen Sie sich geistig an? Haben Sie sich je diese Frage gestellt? Sind Sie sich bewußt, daß Sie sich einem Muster anpassen? Es ist unwichtig, welches Muster das ist, ob Sie es sich selber zurechtgelegt haben oder ob man es für Sie aufgestellt hat. Warum passen wir uns immer an? Wo Konformismus herrscht, gibt es keine Freiheit. Aber der Geist sucht immer nach Freiheit. Je intelligenter, wacher, bewußter man ist, um so größer wird diese Forderung. Der Verstand paßt sich an, imitiert, weil man sicherer ist, wenn man sich anpaßt, in einer Schablone verharrt. Die Tatsache ist offenbar. Aus Gründen der Anpassung unternehmen Sie alles Mögliche im gesellschaftlichen Leben. Vielleicht wurden Sie im Ausland erzogen, vielleicht sind Sie ein großer Wissenschaftler, ein Politiker; aber die Angst, daß etwas Schlimmes passieren könnte, wenn Sie nicht in den Tempel gehen oder die üblichen Dinge unterlassen, die man Ihnen beigebracht hat, bleibt Ihnen. Also passen Sie sich an. Was wird aus dem Geist, der sich anpaßt? Bitte, untersuchen Sie das. Was geschieht mit Ihrem Geist, wenn Sie sich anpassen? Zunächst werden Ihnen Freiheit, Erkenntnis und unabhängige Forschung versagt. Wenn Sie sich anpassen, entsteht Angst. Von Kindheit an wurde der Geist zur Imitation, zur Anpassung an Schablonen erzogen, die die Gesellschaft eingeführt hat: Prüfungen bestehen, promovieren, einen Job bekommen, wenn Sie Glück haben, und heiraten – Schluß. Sie akzeptieren dieses Muster und haben zuviel Angst, ihm nicht zu folgen.

Innerlich verleugnen Sie also die Freiheit, innerlich haben Sie Angst, innerlich fühlen Sie, daß Sie nicht frei sind zu entdecken, zu forschen, zu suchen, zu fragen. Das bringt Unordnung in unsere Beziehung. Sie und ich – wir versuchen, hier wirklich tief einzudringen, wahre Einsicht zu erlangen, diese Wahrheit zu erkennen. Und es ist die Erkenntnis der Wahrheit, die den Geist befreit, nicht irgendeine Übung oder die Aktivität der Untersuchung an sich, sondern die wahre Erkenntnis dessen, »was ist«.

Durch unsere Angst, durch Anpassung und Vergleichen bringen wir in unsere Beziehung sowohl innerlich als auch äußerlich Unordnung. Unsere Beziehung miteinander, wie intim sie auch sein mag, ist in Unordnung – und das auch äußerlich. Wenn wir diese Unordnung klar sehen, nicht da draußen, sondern hier drinnen, tief in uns selber, ihre Implikationen erkennen, dann entsteht aus dieser Wahrnehmung Ordnung. Dann müssen wir nicht nach einer uns aufgezwungenen Ordnung leben. Die Ordnung ist keine Schablone, sie ist kein Entwurf. Sie entsteht aus der Erkenntnis, was Unordnung ist. Je mehr Sie verstehen, was in der Beziehung Unordnung bedeutet, desto größer wird die Ordnung. Darum müssen wir herausfinden, was für eine Beziehung wir miteinander haben.

Was für eine Beziehung haben Sie mit einem anderen? Haben Sie überhaupt eine Beziehung? Oder stehen Sie mit der Vergangenheit in Beziehung? Es ist die Vergangenheit mit ihren Bildern, ihrer Erfahrung, dem Wissen, die dazu führt, was Sie Beziehung nennen. Aber Wissen in der Beziehung ruft Unordnung hervor. Ich bin mit Ihnen verwandt. Ich bin Ihr Sohn, Ihr Vater, Ihre Frau, Ihr Mann. Wir leben zusammen. Sie haben mich gekränkt, und ich habe Sie gekränkt. Sie nörgeln an mir herum, Sie kommandieren mich herum, Sie schlagen mich, Sie sagen schlimme Sachen hinter meinem Rücken und mir ins Gesicht. So lebe ich mit Ihnen seit zehn Jahren oder zwei Tagen, und die Erinnerungen bleiben, die Kränkungen, die Irritationen, das sexuelle Vergnügen, der Ärger, die brutalen Worte und alles andere bleiben. Das wird alles in den Gehirnzellen gespeichert, die das Gedächtnis bergen. Also gründet meine Beziehung zu Ihnen auf der Vergangenheit. Die Vergangenheit ist mein Leben. Wenn Sie beobachten, werden Sie sehen, wie alles, Ihr Geist, Ihr Leben, ihre Aktivität in der Vergangenheit wurzeln. Beziehung, die in der Vergangenheit wurzelt, muß Unordnung bringen, d.h. Erfahrung bringt Unordnung in die Beziehung. Wenn Sie mich kränken, erinnere ich mich daran. Sie haben mich gestern oder vor einer Woche gekränkt, das bleibt in meinem Gedächtnis. Das ist die Erfahrung, die ich mit Ihnen gemacht habe. Diese Erfahrung steht der Beziehung im Wege, diese Erfahrung bringt Unordnung in die Beziehung. Also lautet die Frage: Wenn Sie mich kränken, wenn Sie mir schmeicheln, wenn Sie mich empören – kann der Geist das sofort löschen, ohne es aufzuzeichnen? Haben Sie das jemals versucht?

Wie wunderschön ist doch dieser Mond, nicht wahr? Wie er dort durch die Blätter schimmert – und der Schrei der Krähen und das

Abendlicht! Dieser ungewöhnliche Mond hinter den Blättern ist eine zauberhafte Sache. Schauen Sie hin, genießen Sie es!

Nehmen wir an, gestern abend hat jemand ziemlich deftige Dinge zu mir gesagt, die nicht wahr sind. Was er sagte, wurde aufgezeichnet, und der Geist identifiziert die Person mit der Aufzeichnung und handelt entsprechend. Wenn der Geist mit diesem Wissen um die Beleidigung – die harten Worte, die Unwahrheit – in der Beziehung aktiv wird, bringt dieses Wissen Unordnung in die Beziehung. Nicht wahr? Wie soll das nun geschehen, daß der Geist im Augenblick der Beleidigung oder der Schmeichelei nicht aufzeichnet? Denn für mich ist das Wichtigste im Leben die Beziehung. Ohne Beziehung muß es Unordnung geben. Ein Geist, der geordnet, in vollkommener Ordnung lebt, die die höchste Form mathematischer Ordnung ist, kann dem Schatten der Unordnung keine einzige Minute gestatten, ihn zu überziehen. Und zu dieser Unordnung kommt es, wenn der Geist aufgrund vergangener Erfahrung in der Beziehung aktiv ist. Also wie kann es dazu kommen, daß der Geist nicht aufzeichnet, obgleich er um die Beleidigung oder auch die Schmeichelei weiß. Ist es möglich, daß er weiß, daß er beleidigt wurde, es aber nicht aufzeichnet, damit er in der Beziehung rein, gesund und vollkommen ist.

Interessiert Sie das? Wenn es Sie wirklich interessiert – es ist das größte Problem im Leben: wie man sein Leben in einer Beziehung lebt, in der der Geist niemals gekränkt, niemals entstellt wurde. Ist das möglich? Wir haben eine unmögliche Frage gestellt. Es ist eine unmögliche Frage, und wir müssen die unmögliche Antwort finden. Denn das, was möglich ist, ist durchschnittlich, ist schon vorbei, ist erledigt. Aber wenn Sie die unmögliche Frage stellen, muß der Geist die Antwort finden. Kann er das? Das ist Liebe. Der Geist, der weder Beleidigung noch Schmeichelei aufzeichnet, weiß, was Liebe ist.

Ist das möglich, daß der Geist niemals aufzeichnet, niemals, absolut niemals die Beleidigung oder die Schmeichelei aufzeichnet. Ist das möglich? Wenn der Geist hierauf die Antwort findet, ist das Problem der Beziehung gelöst. Wir leben in Beziehung. Beziehung ist keine Abstraktion, sie ist eine tägliche, alltägliche Tatsache. Ob Sie ins Büro gehen, nach Hause kommen, mit Ihrer Frau schlafen oder streiten, – immer sind Sie in Beziehung. Und wenn in dieser

Beziehung zwischen Ihnen und einem anderen oder zwischen Ihnen und vielen keine Ordnung herrscht, werden Sie eine Kultur schaffen, die letztlich Unordnung hervorbringt, so wie das heute der Fall ist. Also ist Ordnung ganz unerläßlich. Das gilt es zu entdecken: ob es möglich ist, keine Erinnerung zurückzubehalten, niemals, auch nur für eine Sekunde, wenn man beleidigt, gekränkt, herumgestoßen wurde, wenn einem brutale Sachen gesagt wurden. Im Augenblick, in dem Sie etwas festhalten, hat es in den Gehirnzellen ein Zeichen hinterlassen. Erkennen Sie die Schwierigkeit dieser Frage. Kann sich der Geist so verhalten, daß er ganz unschuldig bleibt? Ein unschuldiger Geist ist ein Geist, der nicht verletzt werden kann. Weil er unverletzlich ist, wird er auch keinen anderen verletzen. Nun, geht das? Der Geist wird allen Arten von Einflüssen, allen möglichen Ereignissen, Pech und Mißtrauen ausgesetzt. Ist es möglich, daß er niemals aufzeichnet und deshalb unschuldig und rein bleibt? Wir werden das gemeinsam entdecken.

Wenn wir danach fragen, was Liebe ist, werden wir darauf kommen. Ist Liebe ein Denkprodukt? Gehört Liebe in den Bereich der Zeit? Ist Liebe Vergnügen? Ist Liebe etwas, das man entwickeln, praktizieren, sich ausdenken kann? Wenn wir das untersuchen, müssen wir fragen: Ist Liebe Vergnügen? Sexuelles Vergnügen oder irgendein anderes? Unser Geist jagt immer dem Vergnügen nach. Gestern habe ich gut gegessen. Der Genuß dieses Essens wird aufgezeichnet und ich will mehr – morgen ein besseres Essen oder dasselbe wieder. Ich war begeistert von dem Sonnenuntergang oder beim Anblick des Mondes hinter den Blättern oder einer Welle draußen auf dem Meer. Diese Schönheit bereitet große Freude, und das ist Genuß. Der Geist zeichnet das auf und will eine Wiederholung. Man denkt an Sex, sinnt nach, grübelt darüber, wünscht Wiederholung. Und das nennen Sie Liebe. Nicht wahr? Lassen Sie die Schüchternheit, wenn wir über Sex reden, das gehört zu Ihrem Leben. Sie haben etwas Schreckliches daraus gemacht, weil Sie jede Art von Freiheit außer dieser einen verneinen.

Ist Liebe also Vergnügen? Denkt man sich die Liebe aus, so wie man sich Vergnügen ausdenkt? Ist Liebe Neid? Kann jemand, der neidisch, habgierig, ehrgeizig, gewaltsam ist, der sich anpaßt, der gehorcht, der ganz und gar in Unordnung ist, lieben? Was ist also Liebe? Offensichtlich ist das alles keine Liebe. Sie ist kein Vergnügen. Bitte verstehen Sie, was Vergnügen bedeutet. Der Verstand bewahrt sich sein Vergnügen, deshalb ist Denken keine Liebe. Der Verstand kann keine Liebe entwickeln. Der Verstand kann das Verlangen nach Vergnügen entwickeln und tut es auch, so wie er die Angst weckt, aber der Verstand kann Liebe weder erschaffen noch sie zusammensetzen. Erkennen Sie die Wahrheit. Erkennen Sie sie, und Sie werden Ihren Ehrgeiz, Ihre Gier ganz ablegen. Also ist es die Verneigung, durch die Sie an dieses Wunderbarste, was man Liebe nennt und die das eigentlich Positive ist, herankommen.

Wenn in der Beziehung Unordnung herrscht, fehlt die Liebe, und diese Unordnung herrscht da, wo man sich anpaßt. Also kann ein Geist, der sich an eine Schablone des Vergnügens anpaßt oder an ein Muster hält, von dem er denkt, daß es Liebe ist, dieser Geist kann niemals wissen, was Liebe ist. Ein Geist, der den Entwicklungsprozeß, der in die Unordnung führt, verstanden hat, gelangt von selber zu einer Ordnung, die Tugend und daher Liebe ist. Es ist Ihr Leben – nicht meines. Wenn Sie nicht so leben, werden Sie sehr unglücklich werden, gefangen in gesellschaftlicher Unordnung, und Sie werden für immer in diesem Strom mitgezerrt werden. Nur der Mensch, der aus diesem Strom austritt, weiß, was Liebe, weiß, was Ordnung ist.

Brockwood Park, 11. September 1971

Müssen wir nicht mit einer gewissen Qualität von Freiheit beginnen, um überhaupt etwas Menschliches zu entdecken? Wenn wir so ein komplexes Problem, wie es die Liebe ist, untersuchen wollen, müssen wir ganz frei an diese Untersuchung herangehen. Das bedeutet, daß wir von unseren speziellen Vorurteilen, Empfindlichkeiten, Eigenheiten und Wunschvorstellungen in bezug auf die Liebe frei sein müssen, gleichgültig ob diese Wunschvorstellungen viktorianisch oder modern sind. Das sollten wir alles bei dieser Untersuchung vergessen, wenn es uns gelingt. Andernfalls werden wir abgelenkt und verschwenden unsere Energie, wenn wir je nach unserer Konditionierung zustimmen oder widersprechen. Wenn wir diese Frage, was denn Liebe ist, besprechen, werden wir sehen, wie wichtig es ist, die Bedeutung, den Sinn und die Tiefe zu entdecken, die dieses Wort vermittelt oder auch nicht vermittelt. Sollten wir nicht zuerst darauf bedacht sein, den Verstand von seinen verschiedenen Schlußfolgerungen zu befreien, die er mit diesem Wort verbindet?

Ist es denn überhaupt möglich, den Verstand von den tief wurzelnden Vorurteilen, Befangenheiten und Schlußfolgerungen zu befreien? Denn mir scheint, daß wir einen aufnahmefähigen Geist benötigen, um diese Frage der Liebe zu besprechen. Wenn man aber Meinungen oder Urteile darüber hat, was Liebe sein sollte oder nicht sein sollte, fehlt es dem Geist an Klarheit. Unsere Untersuchung muß mit einem Gefühl von Freiheit beginnen, wenn wir den Kopf untersuchen wollen – nicht Freiheit von etwas, sondern jene Freiheit, die befähigt hinzuschauen, zu beobachten, die Wahrheit zu erkennen. Danach können Sie zu Ihren Vorurteilen, Ihren speziellen Eitelkeiten und Schlußfolgerungen zurückkehren – aber könnten wir das alles für den Augenblick abstellen und zur Untersuchung frei sein?

Einiges hat damit zu tun: Sex, Eifersucht, Einsamkeit, das Gefühl der Verbundenheit, Partnerschaft, sehr viel Vergnügen und deshalb auch Angst. Ist das nicht alles in diesem Wort eingeschlossen? Könnten wir mit der Frage von Vergnügen beginnen, weil das eine wichtige Rolle im Leben spielt. Die meisten Religionen verneinen Sex; denn sie sagen, ein Mann, der von sinnlichen Genüssen gefangen ist, kann unmöglich verstehen, was Wahrheit ist, was Gott ist, was Liebe ist, was das Höchste, das Unermeßliche ist. Das ist die vorherrschende religiöse Prägung im Christentum, in Indien und auch im Buddhismus. Wenn wir die Frage angehen, was Liebe ist, müssen wir uns bewußt sein, daß wir durch Tradition und Genetik konditioniert sind, was zu den verschiedenen viktorianischen und modernen Formen der Unterdrückung oder Toleranz sexueller Freuden geführt hat.

Das Vergnügen spielt eine besondere Rolle in unserem Leben. Wenn man mit irgendwelchen der sogenannten hoch disziplinierten, intellektuellen, frommen Leuten gesprochen hat – ich würde sie nicht als fromm bezeichnen, aber man nennt sie fromm – dann weiß man, daß die Keuschheit eines ihrer großen Probleme ist. Vielleicht meinen Sie, daß das ganz irrelevant ist, weil Keuschheit in der modernen Welt keinen Platz mehr hat und schieben das beiseite. Ich denke, das wäre schade, weil das Wissen um das, was Keuschheit ist, eben eines der Probleme ist. Wenn man sich mit dieser Frage intensiver beschäftigen will, muß man einen weisen, tiefen und forschenden Geist haben und nicht bloß verbal zustimmen. Warum spielt das Vergnügen in unserem Leben eine so große Rolle? Ich sage nicht, daß das falsch oder richtig sei, wir untersuchen das jetzt nur, es ist keine Bestätigung, ob Sex oder Vergnügen sein sollte oder nicht sein sollte. Warum spielt Vergnügen bei jeder Aktivität in unserem Leben so eine überragende Rolle? Es ist einer unserer Haupttriebe – aber warum ist es so riesig geworden? Nicht nur im Westen, wo Vergnügen so marktschreierisch, so vulgär ist, sondern auch im Osten? Das ist eines unserer Hauptprobleme –

warum? Die Religionen, die sogenannten Religionen, die Priester haben es herabgesetzt. Sie sagen, wenn Du Gott suchen willst, mußt Du ein Keuschheitsgelübde ablegen. Ich kenne einen Mönch in Indien, ein sehr ernsthafter, gelehrter und intelligenter Mann. Im Alter von fünfzehn oder sechzehn Jahren gab er alles Weltliche auf und legte ein Keuschheitsgelübde ab. Als er älter wurde – ich traf ihn wieder, als er etwa vierzig war – brach er dieses Gelübde und heiratete. Das war für ihn sehr schlimm; denn die indische Kultur besagt, daß es abscheulich ist, wenn ein Mann sein Gelübde bricht und zurückgeht. Er wurde verfemt. Er machte eine schlimme Zeit durch. Und so ist die Mentalität der meisten Menschen. Warum hat Sex so fantastische Bedeutung erlangt?

Wir haben das Problem der Pornographie, das totale Freiheit einräumt, alles zu lesen, zu drucken und zu zeigen, was Sie wollen, sie aus jeder Unterdrückung zu befreien. Sie wissen, was in aller Welt vor sich geht. Was hat die Liebe damit zu tun? Was bedeutet das alles – Sex, Liebe, Vergnügen und Keuschheit? Bitte vergessen Sie dieses Wort nicht, dem der Mensch soviel Bedeutung beimißt, – ein Leben in Keuschheit zu führen. Wir wollen herausfinden, warum der Mensch zu allen Zeiten dem Sex so einen besonderen Platz eingeräumt hat und warum es dagegen so großen Widerstand gibt. Ich weiß nicht, wie wir das jetzt beantworten werden.

Ist nicht dabei ein Faktor ganz wichtig, daß nämlich in sexueller Aktivität völlige Freiheit herrscht? Im Intellektuellen imitieren wir, intellektuell sind wir nicht kreativ, intellektuell sind wir Menschen aus zweiter oder dritter Hand. Wir wiederholen, was andere sagen, wiederholen unsere kleinen Gedanken. Da sind wir also nicht aktiv, kreativ, lebendig und frei; im Emotionellen dagegen sind wir nicht leidenschaftlich, haben keine tiefen Interessen. Vielleicht sind wir gelegentlich begeistert, aber das geht schnell vorbei. Es gibt keine andauernde Leidenschaft, und unser Leben ist mehr oder weniger mechanisch, eine alltägliche Routine. Natürlich wird da diese eine andere Aktivität so besonders wichtig, weil unser Leben aus wiederholten Reaktionen besteht, die mechanisch, intellektuell, technologisch und mehr oder weniger emotionell sind. Wenn es intellektuelle Freiheit gäbe und man eine tiefe Leidenschaft, ein Feuer brennen hätte, dann würde Sex seinen eigenen Platz erhalten und unwichtig werden. Wir würden ihm nicht so gewaltige Bedeutung beimessen, indem wir über Sex versuchen, Nirvana zu erreichen oder denken, daß wir über Sex zu vollkommener Einheit mit der Menschheit gelangen. Sie wissen schon, was wir damit alles zu erreichen hoffen!

Können wir also geistige Freiheit finden? Können unsere Köpfe ganz lebendig, klar und aufnahmefähig sein? Nicht für die Vorurteile, die wir von anderen erworben haben – von den Philosophen, den Psychologen und den sogenannten geistigen Lehrern, die überhaupt nicht geistig sind. Sex hat seinen eigenen Platz, wenn eine tiefe, leidenschaftliche Freiheit da ist. Was ist dann Keuschheit? Hat Keuschheit überhaupt einen Platz in unserem Leben? Was bedeutet das Wort »keusch« – nicht nur im Sinne dessen, was das Wörterbuch sagt, sondern was für eine tiefere Bedeutung hat es? Was heißt das, einen wirklich keuschen Geist zu haben? Ich denke, darauf sollten wir tiefer eingehen, vielleicht ist das viel wichtiger.

Wenn man sich seiner ganzen geistigen Aktivität bewußt wird – ohne Aufspaltung in den Beobachter, der die geistige Aktivität beobachtet und damit den Beobachter und das Beobachtete in Widerspruch bringt –, sieht man dann nicht eine dauernde Formierung von Bildern und Erinnerungen an ganz verschiedene Arten von Vergnügen, an Unglücke, Unfälle, Beleidigungen sowie die verschiedenen Eindrücke, Einflüsse und Zwänge? Sie überfüllen unseren Geist. Man denkt an einen sexuellen Akt, malt ihn sich aus, stellt ihn sich vor, hält ihn durch wiederbelebende Emotionen in Gang und erregt sich so. Das ist kein keuscher Geist. Ein Geist, der keusch ist, stellt sich überhaupt nichts vor, macht sich kein Bild. Dann ist der Geist unschuldig. Das Wort Unschuld bezeichnet einen Geist, der weder Kränkungen empfängt noch solche austeilt; einen Geist, der unfähig ist zu verletzen und verletzt zu werden und dabei doch sehr verletzlich ist. So ein Geist ist ein keuscher Geist. Aber diese Leute, die Keuschheitsgelübde ablegen, sind überhaupt nicht keusch, sie liegen ewig mit sich selber im Kampf. Ich kenne verschiedene Mönche im Westen und Osten und weiß, welche Qualen sie durchleben – und das alles, um Gott zu finden! Ihr Geist ist verzerrt, gemartert.

Das gehört alles zum Vergnügen dazu. Wo ist Vergnügen in Verbindung mit der Liebe? Welche Verbindung gibt es zwischen der Jagd nach Vergnügen und der Liebe? Anscheinend geht beides

Hand in Hand. Unsere Tugenden gründen auf Vergnügen, unsere Moral gründet auf Vergnügen. Wir behaupten, daß man sie durch Opferbereitschaft erreicht – die Ihnen Vergnügen bereitet! oder auch durch Widerstand, der Ihnen das Vergnügen schenken könnte, etwas zu erreichen. Wo also ist die Grenze – wenn es eine gibt – zwischen Vergnügen und Liebe? Können die beiden zusammengehen, miteinander verwoben werden? Oder sind sie immer getrennt? Der Mensch behauptet: »Liebe Gott, und diese Liebe hat gar nichts mit der profanen Liebe zu tun.« Wissen Sie, das ist nicht nur ein historisches Problem, sondern das besteht seit dem Anfang der Zeit. Wo ist also die Grenze, die die beiden voneinander scheidet? Oder gibt es gar keine? Das eine ist nicht das andere, und wenn wir dem Vergnügen nachjagen, wie es die meisten von uns tun – im Namen Gottes, im Namen des Friedens, im Namen sozialer Reformen – wo ist dann die Liebe bei dieser Jagd?

Man muß also fragen: Was ist Vergnügen, was ist Genuß und was ist Freude? Sind Wonne und Vergnügen miteinander verwandt? Sagen Sie nicht ja oder nein, wir wollen es entdecken. Betrachten Sie einen schönen Baum, eine Wolke, Licht auf dem Wasser, einen Sonnenuntergang, den weiten offenen Himmel oder das schöne Gesicht eines Mannes, einer Frau oder eines Kindes. In der Freude, etwas wahrhaft Schönes zu sehen, liegt großer Genuß, ein echtes Gefühl von Dankbarkeit für etwas Besonderes, Edles, Reines, Wunderschönes. Und wenn Sie Vergnügen ablehnen, dann lehnen Sie alle Wahrnehmung des Schönen ab, und das tun die Religionen. Man hat mir gesagt, daß es nicht lange her ist, daß im Westen die Landschaftsmalerei in den Bereich der religiösen Malerei eindrang, obgleich man in China und im Osten Gemälde von Landschaften oder Bäumen als edel und fromm ansah.

Warum sucht der Geist nach Vergnügen? Nicht ob das richtig oder falsch ist, sondern wir fragen nach dem Mechanismus in diesem Prinzip des Vergnügens? Wenn Sie sagen, daß Sie dem zustimmen oder es ablehnen, sind wir am Ende, doch wenn wir wirklich gemeinsam entdecken, welches Prinzip, welcher Mechanismus im Vergnügen steckt, werden wir vielleicht verstehen, was wahrer Genuß ist. Was ist dann Freude und Wonne, die mit Ekstase vermischt sind. Sind Ekstase und Vergnügen miteinander verwandt? Kann Freude jemals zu Vergnügen werden?

Welchen Mechanismus hat Vergnügen? Warum läuft der Geist ihm ständig hinterher? Wir können nicht verhindern, daß wir wahrnehmen, daß wir ein schönes Haus, einen wunderschönen grünen Rasen im Sonnenschein oder die riesige Wüste ohne einen Grashalm und den weit gewölbten Himmel sehen. Man kann nicht verhindern, daß man das sieht, und das Sehen an sich ist Vergnügen, ist Entzücken, nicht wahr? Wenn man ein schönes Gesicht sieht – nicht bloß ein ebenmäßiges Gesicht, sondern eines mit Tiefe, Schönheit, Klarheit, Intelligenz, Vitalität – so ein Gesicht zu sehen, ist etwas Erstaunliches, und in dieser Wahrnehmung liegt Freude. Wann verwandelt sich diese Freude in Vergnügen? Man sieht eine wunderschöne Statue von Michelangelo, man betrachtet sie. Das ist etwas ganz Besonderes – nicht der Gegenstand, sondern seine Beschaffenheit. Diese Betrachtung bereitet großes Vergnügen, große Freude. Man geht weg und denkt daran. Gedanken steigen auf. Man sagt, was war das doch schön. Während des Betrachtens empfand man ein starkes Gefühl, die Fähigkeit, etwas Herrliches wahrzunehmen; dann erinnert man sich daran, denkt daran und an das Vergnügen, das man empfand, als man die Statue betrachtete. Die Erinnerung schafft das Vergnügen, schenkt dem Ereignis der Betrachtung der Statue Vitalität und Kontinuität. So ist das Denken verantwortlich für die Jagd nach dem Vergnügen. Ich erfinde das hier nicht, Sie können das beobachten. Sie sehen einen schönen Sonnenuntergang und später sagen Sie: »Ich wünschte, ich könnte dahin zurückgehen und ihn noch einmal sehen. »In dem Augenblick, in dem Sie den Sonnenuntergang sahen, gab es kein Vergnügen. Sie sahen etwas Besonderes voller Licht, Farben und Tiefe. Wenn Sie fortgehen, zurück in Ihr Leben gehen, sagt Ihr Kopf: »Das war herrlich, ich wünschte, es würde sich wiederholen.« So verewigt das Denken dieses Etwas als Vergnügen. Ist das der Mechanismus? Was geschieht danach? Sie sehen den Sonnenuntergang niemals wieder – NIEMALS – weil die Erinnerung an diesen ersten Sonnenuntergang bleibt und Sie sie immer damit vergleichen. Deshalb sehen Sie nie wieder etwas ganz neu.

Also fragt man: Kann man diesen Sonnenuntergang oder das schöne Gesicht oder Ihre sexuelle Erfahrung oder was es auch sei, sehen und es beenden, es nicht weitertragen, egal ob es sich um große Schönheit, großes Leid oder größeren körperlichen oder seelischen Schmerz handelt? Kann man Schönheit betrachten und es dabei belassen, es beenden, es nicht weitertragen, um es für den nächsten Tag, den nächsten Monat, für die Zukunft aufzubewahren? Wenn Sie es dennoch aufbewahren, spielt das Denken damit. Der Kopf bewahrt dieses Ereignis oder diesen Schmerz, dieses Leid oder diese Sache, die Freude schenkte. Wie soll man also diesen ganzen Prozeß nicht etwa verhüten, sondern seiner gewahr werden und verhindern, daß sich der Gedanke ans Werk macht?

Ich will den Sonnenuntergang sehen – ich will die Bäume, die die Schönheit der Erde bergen, anschauen. Es ist nicht meine oder Ihre Erde, es ist unsere. Sie gehört nicht den Engländern, den Russen oder den Indern. Es ist unsere Erde, auf der wir ohne Grenzen leben sollen, ohne all die häßlichen, entsetzlichen Kriege und ohne das Unglück der Menschen. Ich will das alles anschauen. Haben Sie jemals Palmen auf einem einsamen Hügel gesehen? Es ist so wundervoll! Oder einen alleinstehenden Baum auf einem Feld? Ich will ihn betrachten, ich will ihn genießen, aber ich will ihn nicht zu einem kleinen häßlichen Vergnügen werden lassen; doch das Denken wird ihn dazu machen.

Wie kann es geschehen, daß der Verstand funktioniert, wenn es nötig ist, aber in anderer Hinsicht schweigt? Das geht nur, wenn man wirklich gewahr wird, sich des gesamten Denkmechanismus, des Wesens und der Konstruktion des Denkens gewahr wird, – wo es ganz logisch und gesund – weder neurotisch noch persönlich – wirken muß und wo es nichts zu suchen hat. Also was ist dann Schönheit und Verstand? Kann der Intellekt jemals Schönheit wahrnehmen? Er kann sie beschreiben, er kann sie nachahmen, er kann vieles machen, aber die Beschreibung ist nicht dasselbe wie das Beschriebene. Wir könnten das hier endlos fortsetzen. Wenn man also Wesen und Prinzip des Vergnügens versteht, was ist dann die Liebe? Ist Liebe Eifersucht? Ist Liebe Inbesitznahme? Ist Liebe Herrschaft, Verhaftetsein? Sie wissen, was alles im Leben passiert – die Frau herrscht über den Mann oder der Mann über die Frau. Der Mann wird aktiv, weil er etwas verfolgt, er ist ehrgeizig, gierig, neidisch, er jagt nach Position oder Prestige. Seine Frau sagt: »Um Gottes Willen, hör auf mit dem Blödsinn, führe ein anderes Leben.« So sind sie getrennt, obgleich sie vielleicht miteinander schlafen. Kann Liebe sein, wo Ehrgeiz ist, wenn jeder seinen eigenen Vergnügungen folgt?

Was also ist dann die Liebe? Sie kann sich offensichtlich erst dann einstellen, wenn alles, was nicht Liebe ist, – wie Ehrgeiz, Wettstreit, das Verlangen, etwas werden zu wollen – nicht mehr ist. Das ist doch unser Leben: wir wollen berühmt werden, uns verwirklichen, Wissen erlangen, Schriftsteller werden, ein Künstler, etwas Größeres werden. Das wollen wir. Kann so ein Mann oder so eine Frau wissen, was Liebe ist? Kann es Liebe für einen Mann geben, der für sich selber nicht nur auf seine kleine Art und Weise arbeitet, sondern indem er sich mit dem Staat, mit Gott, mit gesellschaftlicher Aktivität, mit dem Land oder mit einer Reihe von Glaubensbekenntnissen identifiziert? Offensichtlich nicht. Und doch ist das die Falle, in der wir gefangen sind. Können wir dieser Falle gewahrwerden, wirklich gewahrwerden, nicht weil sie jemand beschreibt, – sondern der Falle wirklich gewahrwerden, in der wir gefangen sind, und sie aufbrechen? Da liegt die wahre Revolution, nicht der Unsinn von Revolutionen mit Bomben und sozialen Veränderungen, obgleich die sozialen Reformen nötig sind – die Bomben sind es nicht!

So entdeckt man dieses Etwas oder kommt darauf, ohne es zu wissen, ohne es gebeten zu haben, dieses Etwas, das wir Liebe nennen, wenn alles andere abfällt. Sie tritt ein, wenn wir wirklich die Natur des Vergnügens begriffen haben und sehen, wie der Kopf das zerstört, was eine große Freude war. Freude kann man unmöglich in Vergnügen verwandeln. Freude stellt sich ganz natürlich ein. Sie geschieht, sie kommt wie das Glück. Doch in dem Augenblick, in dem man sagt: »Oh, ich bin sehr glücklich!« ist man es nicht mehr.

Was ist dann Liebe in der menschlichen Beziehung? An welcher Stelle steht die Liebe in der menschlichen Beziehung? Hat sie da überhaupt einen Platz? Und doch müssen wir zusammen leben, zusammen arbeiten, zusammen Kinder aufziehen. Kann der Mann, der seinen Sohn liebt, ihn in den Krieg schicken? Das ist Ihr Problem. Sie haben Kinder, und Sie bereiten die Kinder auf den Krieg, auf das Töten vor. Entdecken Sie das! Was also ist Liebe, und in welcher Verbindung steht sie zu unserem menschlichen Dasein? Ich denke, daß man diese Frage nur dann beantworten kann, wahrhaftig – nicht verbal, nicht intellektuell – beantworten kann, wenn man das Prinzip des Vergnügens, des Denkens und des Werdens versteht. Dann werden Sie eine ganz andere Art von Beziehung entdecken.

Mit Schülern in der Schule von Rajghat, 19. Dezember 1952

Wir haben über die Kompliziertheit der Liebe gesprochen. Ich glaube, wir werden dieses Problem erst dann verstehen, wenn wir ein ebenso schwieriges Problem, das wir Geist nennen, verstehen. Habt Ihr bemerkt, wie neugierig wir sind, wenn wir jung sind? Wir wollen wissen, wir sehen viel mehr als ältere Leute. Wir sehen Dinge – vorausgesetzt, daß wir wach sind – die ältere Menschen nicht bemerken. Wenn wir jung sind, ist der Geist viel reger, viel wissensdurstiger und neugieriger. Deshalb fällt es uns in der Jugend so leicht, Mathematik oder Geographie zu lernen. Wenn wir älter sind, nimmt unser Geist eine feste Form an, wird schwerfälliger, unflexibler. Habt Ihr bemerkt, wieviele Vorurteile ältere Menschen haben? Ihr Geist ist festgelegt, sie sind nicht offen, sie besitzen einen bestimmten Standpunkt, von dem aus sie sich allem nähern. Ihr seid jetzt jung, aber wenn Ihr nicht sehr aufmerksam seid, werdet Ihr auch so werden.

Ist es dann nicht wichtig, daß man den (eigenen) Geist versteht und herausfindet, ob man nicht beweglich bleiben kann, fähig zu sofortiger Berichtigung, zum Einsatz besonderer Fähigkeiten in jedem Lebensbereich, fähig zu forschen und zu begreifen, anstatt allmählich abzustumpfen? Solltet Ihr nicht verstehen, wie der Kopf funktioniert, damit Ihr wißt, was Liebe ist? Denn es ist der Kopf, der die Liebe zerstört. Kluge Leute, die listig sind, wissen nicht, was Liebe ist, weil ihr Verstand so scharf ist, weil sie so gerissen sind, weil sie so oberflächlich sind (was bedeutet, daß man an der Oberfläche lebt) – und Liebe existiert nicht an der Oberfläche.

Was ist der Geist? Ich spreche nicht vom Gehirn, nicht von der physischen Beschaffenheit des Gehirns, über das Euch jeder Arzt Auskunft geben wird. Das Gehirn ist ein Ding, das auf verschiedene nervöse Reaktionen reagiert. Ihr aber werdet entdecken, was Geist ist. Der Verstand sagt: »Ich denke, das gehört mir, das gehört dir, ich bin gekränkt, ich bin eifersüchtig, ich liebe, ich hasse, ich bin ein Inder, ich bin ein Moslem, ich glaube daran, ich glaube nicht daran, ich weiß, Du weißt nicht, ich respektiere, ich verachte, ich will, ich will nicht.« Was ist das für ein Ding? Solange Ihr das nicht versteht – solange Ihr nicht mit dem Denkprozeß, der der Verstand ist, vertraut seid – solange Ihr Euch dessen nicht bewußt seid, werdet Ihr allmählich, während Ihr älter werdet, hart, fixiert, träge werden, festgelegt auf bestimmte Denkmuster.

Was ist das, das Ihr Verstand nennt, das, was denkt, so wie Ihr denkt? Ich spreche von Eurem Verstand, nicht von dem eines anderen oder seiner Denkweise – ich spreche über die Art, wie Ihr fühlt, wie Ihr die Bäume anschaut, einen Fisch, die Fischer beobachtet, wie Ihr die Dorfbewohner seht. Dieser Verstand wird allmählich verschroben oder fixiert auf ein bestimmtes Muster. Wenn Ihr Euch etwas wünscht, wenn Ihr nach etwas verlangt, es begehrt, etwas sein wollt, dann legt Ihr ein Muster fest, d.h. Euer Verstand schafft sich ein Muster und verfängt sich darin. Euer Begehren bringt den Geist in eine feste Form. Sagen wir z.B., ich möchte ein sehr reicher Mann werden. Der Wunsch, ein wohlhabender Mann zu werden, erzeugt ein Muster, und mein Denken verfängt sich darin, und dann kann ich nur auf diese Weise denken und nicht darüber hinausgehen. Also wird der Geist darin gefangen, nimmt eine feste Form an, wird hart, abgestumpft. Oder wenn ich an etwas glaube, an Gott, an ein bestimmtes politisches System – dann ist es dieser Glaube, der an dem Muster mitwirkt; denn dieser Glaube ist das Ergebnis meines Begehrens, und das Begehren verfestigt die Mauern des Musters. Allmählich stumpft mein Geist ab, wird unfähig zur Berichtigung, zu Wendigkeit, Präzision und Klarheit, weil ich im Labyrinth meiner eigenen Wünsche gefangen bin.

Solange ich mit meinen geistigen Prozessen – die Art wie ich denke, die Art, wie ich die Liebe ansehe – solange ich nicht mit meiner eigenen Denkungsart vertraut bin, kann ich unmöglich entdecken, was Liebe ist. Es wird keine Liebe geben, solange mein

Geist nach bestimmten Dingen in der Liebe verlangt, bestimmte Liebeshandlungen begeht und ich mir vorstelle, was Liebe sein sollte. Dann statte ich die Liebe mit bestimmten Motiven aus. So baue ich allmählich eine Handlungsschablone in bezug auf die Liebe auf. Aber das ist keine Liebe. Das ist bloß mein Wunsch, was Liebe sein sollte. Sagen wir zum Beispiel, daß ich Dich als meine Frau oder meinen Mann besitze. Versteht Ihr? besitzen – Ihr besitzt Euren Sari oder Euren Mantel. Würde jemand Euch das nehmen wollen, würdet Ihr wütend, ängstlich oder irritiert sein. Warum? Weil Ihr Euren Sari oder Mantel als Euren Besitz anseht. Ihr besitzt ihn, denn durch Besitz fühlt Ihr Euch bereichert. Wenn Ihr viele Saris, viele Mäntel habt, fühlt Ihr Euch reich – nicht nur körperlich, sondern innerlich reich. Wenn Euch also jemand Euren Mantel wegnimmt, werdet Ihr ärgerlich, weil Ihr des Gefühls, reich zu sein, des Besitzergefühls innerlich beraubt werdet. In bezug auf die Liebe zieht Besitz eine Grenze, nicht wahr? Ist es Liebe, wenn ich Dich besitze? Ich besitze Dich, wie ich ein Auto, einen Mantel, einen Sari besitze, weil ich mich mit Besitz reich fühle. Ich bin davon abhängig. Das ist für mich innerlich sehr wichtig. Dieses Besitzen, dieses Vereinnahmen, diese Abhängigkeit nennen wir Liebe. Doch wenn Ihr das untersucht, werdet Ihr erkennen, daß sich Euer Kopf durch Besitz befriedigt fühlt. Schließlich vermittelt Euch der Besitz vieler Saris, eines Autos oder eines Hauses eine bestimmte Befriedigung, das Gefühl, daß es Eures ist.

Also schafft sich der verlangende Geist ein Muster, und darin wird er eingefangen, und so wird der Geist allmählich müde, abgestumpft und gedankenlos. Der Geist ist das Zentrum dieses Gefühls von »mein«, dieses Gefühls, daß mir etwas gehört, daß ich ein großer Mann bin, daß ich ein kleiner Mann bin, daß ich beleidigt bin, daß ich mich geschmeichelt fühle, daß ich klug bin oder sehr schön, daß ich ehrgeizig sein will oder die Tochter oder der Sohn von jemandem bin. Dieses Gefühl vom »ich« ist das Zentrum des Geistes, ist der Geist selber. Also – je mehr der Geist empfindet »dies gehört mir« und sich damit eingrenzt, mit diesem Gefühl »ich bin jemand«, »ich muß groß sein«, »ich bin ein sehr kluger Mann« oder »ich bin sehr dumm, ein dummer Mensch«, je weiter er an dem Muster baut, um so mehr wird er eingeschlossen, wird abgestumpft. Dann leidet er, dann kommt der Schmerz in diesem Gefangensein. Dann fragt er: »Was soll ich machen?« Dann kämpft er, um etwas anderes zu finden, anstatt die Mauern einzureißen, die ihn umschließen – durch Nachdenken, durch sorgfältiges Gewahrsein, durch Untersuchung, durch Verstehen. Er möchte etwas von außen nehmen, um sich danach wieder darin einzuschließen. So wird der Geist allmählich zu einer Barriere für die Liebe. Wir können also unmöglich entdecken, was Liebe ist, ohne das Leben zu verstehen, ohne zu begreifen, was Geist ist, was die Denkweise ist, aus der eine Handlung entsteht.

Ist der Verstand nicht auch ein Instrument zum Vergleichen? Ihr sagt: Das ist besser als jenes; Ihr vergleicht Euch mit jemandem, der schöner, klüger ist. Ihr vergleicht, wenn Ihr sagt: »Ich erinnere mich an diesen Fluß, den habe ich vor einem Jahr schon einmal gesehen und da war er noch schöner.« Ihr vergleicht euch mit jemandem, mit einem Vorbild, mit dem höchsten Ideal. Vergleichendes Urteilen stumpft den Geist ab, es schärft ihn nicht, fördert nicht sein Verstehen, macht ihn nicht umfassend. Wenn Ihr dauernd vergleicht, was geschieht dann? Ihr seht den Sonnenuntergang und vergleicht ihn sofort mit dem vom Vortag. Ihr betrachtet einen Berg und seht, wie schön er ist, danach sagt Ihr: »Vor zwei Jahren habe ich einen schöneren Berg gesehen.« Wenn Ihr vergleicht, schaut Ihr nicht wirklich den Sonnenuntergang an, der jetzt stattfindet, sondern Ihr schaut nur hin, um ihn mit etwas anderem zu vergleichen. Also hindert Euch das Vergleichen am Schauen. Ich schaue Dich an, Du bist nett, aber ich sage: »Ich kenne jemanden, der viel netter, besser, nobler oder dümmer ist.« Wenn ich das mache, schaue ich Dich gar nicht an. Da mein Kopf mit etwas anderem beschäftigt ist, schaue ich Dich gar nicht an. Ebenso sehe ich auch den Sonnenuntergang nicht. Man darf überhaupt nicht vergleichen, wenn man den Sonnenuntergang wirklich anschauen will. Wenn ich Dich wirklich ansehen will, darf ich Dich nicht mit einem anderen vergleichen. Ich kann Dich nur dann verstehen, wenn ich Dich ansehe, ohne Dich zu vergleichen. Wenn ich Dich mit einem anderen vergleiche, beurteile ich Dich, indem ich sage: »Oh, der ist sehr dumm.« Die Dummheit beginnt da, wo ich vergleiche. Ich vergleiche Dich mit einem anderen, und das führt zu einem Mangel an menschlicher Würde. Wenn ich Dich ohne zu vergleichen ansehe, beschäftige ich mich nur mit Dir und nicht mit einem anderen. Es ist das eigentliche Interesse an Dir – ohne jeden Vergleich – das menschliche Würde schafft.

Solange also der Verstand vergleicht, fehlt es an Liebe, und der Verstand beurteilt, vergleicht, wägt ab, um eine Schwäche zu entdecken. Aber wo man vergleicht, fehlt die Liebe. Wenn Vater und Mutter ihre Kinder lieben, vergleichen sie sie nicht mit einem anderen Kind. Es ist ihr Kind, und sie lieben es. Aber weil Ihr Euch mit etwas Besserem, Noblerem, Reicherem vergleichen wollt, schafft Ihr in Euch einen Mangel an Liebe. In der Beziehung zu einem anderen seid Ihr immer nur mit Euch beschäftigt. Während sich der Geist immer mehr vergleicht, immer besitzergreifender, immer abhängiger wird, bildet er ein Muster, in dem er sich verfängt, so daß er nichts mehr unbefangen und klar sehen kann. Und damit zerstört er dieses Besondere, diesen besonderen Duft des Lebens, der die Liebe ist.

Schüler: Ist Liebe denn endlos? Gründet Liebe auf Anziehung?

Krishnamurti: Angenommen, Dich zieht ein schöner Fluß, eine schöne Frau oder ein schöner Mann an, – was soll damit nicht in Ordnung sein? Wir wollen das jetzt herausfinden. Siehst Du, wenn ich mich zu einer Frau, zu einem Mann oder zu einem Kind hingezogen oder von der Wahrheit angezogen fühle, will ich dem ganz nahe sein, will ich besitzen, will ich die Person oder die Wahrheit mein eigen nennen. Ich sage, das gehört mir. Diese Person zieht mich an, ich will ihr nahe sein, mein Körper muß dem Körper dieser Person nahe sein. Was tue ich also? Was geschieht da im allgemeinen? Tatsache ist, daß ich mich angezogen fühle und der Person nahe sein möchte. Das ist eine Tatsache und kein Ideal. Und es ist auch eine Tatsache, daß die Liebe fehlt, wenn ich angezogen werde und besitzen will. Ich bin nur an der Tatsache interessiert und nicht an dem, was sein sollte. Wenn ich jemanden besitze, will ich nicht, daß diese Person einem anderen nachschaut. Wenn ich diesen Menschen als »mein« betrachte, ist das Liebe? Offensichtlich nicht. Sobald mein Geist diese Person als die »meine« einzäunt, fehlt es an Liebe.

Es ist eine Tatsache, daß mein Geist das immer so macht. Darüber sprechen wir hier, um zu sehen, wie der Kopf arbeitet und vielleicht wird der Kopf still werden, wenn wir dessen gewahrwerden.

Schüler: Warum hält man die Liebe für so wichtig?

Krishnamurti: Du meinst, warum wir Liebe brauchen? Wozu es Liebe gibt? Können wir ohne Liebe sein? Was würde geschehen, wenn Du diese sogenannte Liebe nicht hättest? Wenn Deine Eltern anfangen würden darüber nachzudenken, warum sie Dich lieben, könnte es passieren, daß Du nicht hier wärst. Sie könnten Dich rausschmeißen. Sie denken, daß sie Dich lieben; deshalb wollen sie Dich beschützen, wollen, daß Du gut erzogen wirst. Sie glauben, daß sie Dir jede Gelegenheit geben müssen, etwas zu sein. Es ist dieses Gefühl zu beschützen, Dir eine gute Erziehung angedeihen zu lassen, dieses Gefühl, daß Du ihnen gehörst, das sie im allgemeinen mit Liebe bezeichnen. Was würde ohne das geschehen? Was würde geschehen, wenn Deine Eltern Dich nicht lieben würden? Du würdest vernachlässigt werden, Du wärst etwas Unbequemes, Du würdest ausgestoßen werden, sie würden Dich hassen. Glücklicherweise gibt es also dieses Gefühl von Liebe, vielleicht verhangen, beschmutzt und häßlich, aber da ist glücklicherweise immer noch dieses Gefühl für Dich und mich. Sonst würdest Du nicht erzogen werden, wäre ich nicht erzogen worden – wir würden nicht existieren.

Anm. d. Übersetzers: Krishnamurti verwendet in diesem Text fast ausschließlich das englische Wort »mind« – es ist in der deutschen Sprache nicht mit einem einzigen Begriff korrekt zu übersetzen. Deshalb wurde je nach Inhalt dieses Wort mit Geist, Kopf oder Verstand übersetzt.

Bombay, 12. Februar 1950

Frage: Unsere Leben entbehren jedes ehrlichen Impulses von Güte, und wir versuchen, diese Leere mit organisierter Wohltätigkeit und Rechtspflicht zu füllen. Sex ist unser Leben. Können Sie dieses traurige Thema erhellen?

Krishnamurti: Wir wollen die Frage übersetzen: Unser Problem besteht darin, daß unser Leben leer ist und wir keine Liebe kennen. Wir haben zwar Gefühle und verstehen etwas von Werbung. Wir wissen auch um unsere sexuellen Begierden, aber die Liebe fehlt. Und wie kann man diese Leere verwandeln – wie soll man diese Flamme finden, die ohne Rauch ist? Das ist die Frage, nicht wahr? Wir wollen also gemeinsam die Wahrheit in dieser Sache finden.

Warum ist unser Leben leer? Obgleich wir sehr aktiv sind, obgleich wir Bücher schreiben und ins Kino gehen, obgleich wir spielen, lieben und ins Büro gehen, ist unser Leben doch so leer, langweilig, eine bloße Routine. Warum sind unsere Beziehungen so oberflächlich, leer und sinnlos? Wir kennen unser Leben gut genug, um uns bewußt zu sein, daß es ziemlich sinnlos ist. Wir zitieren Sätze und Gedanken, die wir gelernt haben, was dieser und jener gesagt hat, was die Mahatmas, die neuesten Heiligen und die alten Heiligen gesagt haben. Wenn wir keinem religiösen Führer folgen, dann einem politischen oder intellektuellen, Marx oder Adler oder Christus. Wir sind nicht mehr als Schallplatten, die immer wieder abspielen, und wir bezeichnen diese Wiederholungen als Wissen.

Wir lernen, wir wiederholen, und unser Leben bleibt äußerst oberflächlich, langweilig und häßlich. Warum? Warum ist das so? Warum haben wir den Angelegenheiten des Verstandes soviel Wichtigkeit eingeräumt? Warum hat der Verstand in unserem Leben soviel Bedeutung gewonnen? Verstand hier im Sinne von Gedanken, Ideen, der Fähigkeit zu rationalisieren, abzuwägen, zu gewichten, zu kalkulieren. Warum messen wir dem Verstand soviel Bedeutung bei? Was nicht heißen soll, daß wir emotional, sentimental oder überspannt sein sollen. Wir wissen um diese Leere, wir kennen dieses Gefühl von Frustration. Woher kommt diese große Oberflächlichkeit, dieses Gefühl von Nichtigkeit in unserem Leben? Wir können uns der Aufklärung dieser Frage nur durch Bewußtheit in unseren Beziehungen nähern.

Was geschieht denn wirklich in unseren Beziehungen? Sind unsere Beziehungen nicht Selbst-Isolation? Ist denn nicht jede Verstandesaktivität ein Prozeß der Vorsichtsmaßnahme, des Sicherheitsbedürfnisses, der Isolation? Ist nicht gerade jenes Denken, von dem wir behaupten, daß es kollektiv sei, ein Prozeß der Isolation? Ist nicht jede Handlung in unserem Leben ein Prozeß der Selbsteinschließung? Sie können es in Ihrem Alltag beobachten. Die Familie hat sich zu einer Selbst-Isolation entwickelt, und da sie isoliert ist, gibt es in ihr Widerspruch. So führen alle unsere Handlungen in die Selbst-Isolation, die dann dieses Gefühl von Leere entstehen läßt; und weil wir uns leer fühlen, gehen wir einen Schritt weiter und füllen die Leere mit Radios, Lärm, Geschwätz, Klatsch, Lesen, Wissenserwerb, Ansehen, Geld, gesellschaftlicher Position und vielem mehr. Aber weil das alles der gleiche Isolationsprozeß ist, vergrößern wir damit nur die Isolation. So ist also das Leben für die meisten von uns ein Prozeß der Isolation, der Verneinung, des Widerstandes, der Anpassung an eine Schablone, und natürlich fehlt darin das Leben, und so entsteht das Gefühl von Leere und Frustration. Jemanden zu lieben, bedeutet gewiß mit dieser Person vereint zu sein – nicht auf einer speziellen Ebene, sondern ganz, vollkommen, total. Doch solche Liebe kennen wir nicht. Wir kennen die Liebe nur als Gefühl: meine Kinder, meine Frau, mein Besitz, mein Wissen, meine Leistung. Und das ist wieder ein Isolationsprozeß. In allen Bereichen führt unser Leben zum Ausschluß – es ist eine selbsteinschließende Kraft von Gedanken und Gefühlen, und gelegentlich kommunizieren wir mit einem anderen. Daher kommt dieses große Problem.

Nun – das ist der wahre Zustand unseres Daseins – Ansehen, Besitz und Leere – und die Frage lautet, wie wir darüber hinausgelangen können. Wie können wir diese Einsamkeit, diese Leere, die Unzulänglichkeit, diese innere Armut überwinden? Ich denke, daß die meisten von uns das gar nicht wollen. Die meisten sind damit zufrieden wie sie sind. Es ist anstrengend, etwas Neues zu entdekken. Also ziehen wir es vor zu bleiben, wie wir sind. Und da liegt die eigentliche Schwierigkeit. Wir verfügen über so viele Sicherheiten. Wir haben uns eingemauert und sind damit zufrieden. Gelegentlich gibt es auf der anderen Seite der Mauer ein Flüstern. Gelegentlich gibt es auch ein Erdbeben, eine Revolution, eine Störung, die wir schnell abstellen. Also wollen die meisten von uns in Wahrheit nicht über den selbsteinschließenden Prozeß hinausgehen. Wir suchen bloß nach einem Ersatz, nach demselben in anderer Form. Unsere Unzufriedenheit ist so oberflächlich. Wir wollen etwas Neues, das uns zufrieden machen soll, eine neue Sicherheit, eine neue Art des Selbstschutzes, und das ist wieder ein Isolationsprozeß. In Wirklichkeit wollen wir die Isolation gar nicht überwinden, sondern sie stärken, damit sie bleibend und störungsfrei wird. Es sind nur die sehr wenigen, die durchbrechen und sehen wollen, was jenseits von dem liegt, das wir Leere und Einsamkeit nennen. Diejenigen, die nach einem Ersatz für das Alte suchen, werden mit etwas zufrieden sein, das eine neue Sicherheit bietet, aber offensichtlich gibt es auch einige, die das überwinden wollen, und mit diesen wollen wir also weitermachen.

Um die Leere, die Einsamkeit überwinden zu können, muß man den gesamten geistigen Prozeß verstehen. Was ist das, was wir mit Einsamkeit, mit Leere bezeichnen? Woher wissen wir, daß es leer ist, woher wissen wir, daß es einsam ist? Vermittels welchen Maßstabes sagen Sie, daß es dieses ist und nicht das? Wenn Sie sagen, es ist einsam, es ist leer – was für einen Maßstab haben Sie? Sie können das nur am Alten messen. Sie sagen, es ist leer, Sie geben ihm einen Namen und denken, deshalb haben Sie es verstanden. Steht denn nicht gerade das Benennen dem Verständnis im Wege? Die meisten von uns wissen, was Einsamkeit ist, weil wir ihr zu entfliehen versuchen. Die meisten von uns sind sich dieser inneren Armut, dieser inneren Ungenügsamkeit bewußt. Das ist keine vorzeitige Reaktion, sondern eine Tatsache, und indem wir sie benennen, können wir sie nicht auflösen, sie bleibt. Wie lernen wir nun ihren Inhalt kennen? Wie lernen wir ihr Wesen kennen? Werden Sie mit etwas bekannt, wenn sie ihm einen Namen geben? Kennen Sie mich, weil Sie meinen Namen kennen? Sie können mich nur dann kennenlernen, wenn Sie mich beobachten, wenn Sie mit mir kommunizieren. Wenn Sie mich aber mit meinem Namen ansprechen und sagen, ich wäre dieses oder das, dann hört die Kommunikation mit mir offensichtlich auf. Ähnlich ist es, wenn wir das Wesen dessen, das wir Einsamkeit nennen, ergründen wollen – wir müssen damit kommunizieren, und das wird unmöglich, wenn Sie es benennen. Erst einmal muß das Namengeben enden, sofern man etwas verstehen möchte. Wenn Sie Ihr Kind wirklich verstehen wollen, – was ich bezweifle – was tun Sie dann? Sie schauen es an, Sie beobachten es in seinem Spiel, studieren es. In anderen Worten: Sie lieben das, was Sie verstehen wollen. Wenn Sie etwas lieben, sind Sie ganz natürlich damit verbunden, aber Liebe ist kein Wort, kein Name, kein Gedanke. Sie können das, was Sie Einsamkeit nennen, nicht lieben, weil Sie sich dessen nicht voll bewußt sind, Sie nähern sich ängstlich – Sie haben nicht Angst davor, sondern vor etwas anderem. Sie denken über Einsamkeit nicht nach, weil Sie nicht wissen, was das eigentlich ist. Lächeln Sie nicht. Das ist kein kluges Argument. Erfahren Sie es, während wir darüber sprechen, dann werden Sie seinen Sinn begreifen.

Was wir also die Leere nennen, ist ein Isolationsprozeß, der das Ergebnis unserer Alltagsbeziehungen ist, weil wir bewußt oder unbewußt Ausschließlichkeit in der Beziehung suchen. Sie wollen der alleinige Eigentümer Ihres Besitzes, Ihrer Frau, Ihres Mannes oder Ihrer Kinder sein. Sie wollen die Sache oder die Person als mein bezeichnen, was ganz klar bedeutet, daß sie das ausschließlich erwerben wollen. Dieser Prozeß der Ausschließlichkeit muß unvermeidlich in ein Isolationsgefühl führen, und weil nichts in Isolation existieren kann, kommt es zum Konflikt. Und vor diesem Konflikt versuchen Sie zu fliehen. Alle Formen der Flucht, die wir uns überhaupt vorstellen können, liegen auf derselben Ebene – egal ob es gesellschaftliche Aktivitäten, die Suche nach Gott, Andachten, Zeremonien, Tanz oder andere Amüsements sind. Wenn wir im Alltag sehen, wie wir vor dem Konflikt davonlaufen und das überwinden wollen, müssen wir verstehen, was Beziehung ist. Nur wenn der Geist in keiner Weise vor irgend etwas flieht, wird es möglich, mit dem, was wir Einsamkeit, Alleinsein nennen, zu kommunizieren. Und um damit kommunizieren zu können, braucht man Zuneigung und Liebe. In anderen Worten – wenn Sie etwas verstehen wollen, müssen Sie es lieben. Liebe ist die einzige Revolution, und Liebe ist keine Idee, keine Theorie, sie richtet sich weder nach einem Buch noch nach einer Schablone sozialen Verhaltens.

Also kann man die Lösung des Problems nicht in Theorien finden, die bloß in weitere Isolation führen. Man kann sie nur finden, wenn der Verstand, der Gedanke ist, nicht vor der Einsamkeit zu fliehen versucht. Flucht ist ein Isolationsprozeß, und es ist wahr, daß man nur kommunizieren kann, wenn Liebe da ist. Nur so kann das Problem der Einsamkeit gelöst werden.

Ojai, 28. August 1949

Frage: Gedanken sind wirklich trennend, aber Gedanken bringen auch die Menschen zusammen. Drückt sich darin nicht Liebe aus, die das Gemeinschaftsleben ermöglicht?

Krishnamurti: Ich weiß nicht, ob Sie, wenn Sie diese Frage stellen, erkannt haben, daß Ideen, Glaube, Meinungen die Menschen von einander trennen, daß Ideologien zerstören, daß Ideen unvermeidlich spalten. Ideen halten die Menschen nicht zusammen, obgleich Sie vielleicht versuchen, Menschen zusammenzubringen, die verschiedenen und einander entgegengesetzten Ideologien angehören. Niemals können Ideen die Menschen zusammenführen, weil Ideen einander entgegengesetzt und im Konflikt zerstört werden können. Schließlich sind Ideen Vorstellungen, Empfindungen, Worte. Können Worte, Empfindungen, Gedanken die Menschen wirklich zusammenbringen? Oder braucht man nicht etwas ganz anderes, um die Menschen zusammenzubringen? Man kann beobachten, wie Haß, Angst und Nationalismus die Menschen zusammenbringt. Angst treibt die Menschen zusammen. Gemeinsamer Haß bringt die Menschen manchmal zusammen, die eigentlich gegen einander sind, und ebenso kann der Nationalismus widerstreitende Gruppen zusammenführen. Das sind gewiß Gedanken. Und ist Liebe eine Idee? Können Sie über Liebe nachdenken? Sie können über einen Menschen, den Sie lieben, nachdenken oder über eine Gruppe von Menschen, die Sie lieben. Aber ist das Liebe? Wenn man an die Liebe denkt, ist das Liebe? Ist es Liebe, wenn man denkt? Ganz gewiß ist es nur die Liebe, die Menschen zusammenführt und nicht das Denken, – nicht die eine Gruppe gegen die andere Gruppe. Wo Liebe ist, gibt es keine Gruppe, keine Klasse, keine Nationalität. Also müssen wir herausfinden, was wir meinen, wenn wir Liebe sagen.

Wir wissen, was wir meinen, wenn wir von Ideen, Meinungen, vom Glauben sprechen. Was meinen wir also mit Liebe? Ist sie etwas aus dem Kopf? Sie kommt aus dem Kopf, wenn die Angelegenheiten des Kopfes das Herz erfüllen. Und so geht es den meisten von uns. Wir haben unsere Herzen mit den Dingen des Kopfes gefüllt, nämlich mit Meinungen, Ideen, Empfindungen, Glauben. Und in diesem Umkreis leben und lieben wir. Aber ist das Liebe? Können wir über Liebe nachdenken? Wenn Sie lieben, arbeitet dann der Verstand? Liebe und Denken stehen nicht im Gegensatz zueinander; wir wollen keine Gegensätze daraus machen. Wenn man liebt, gibt es da das Gefühl von Trennung oder daß man die Leute zusammenbringen, sich ihrer entledigen, sie wegstoßen muß? Ganz gewiß kann man diesen Zustand der Liebe nur dann erfahren, wenn der Denkprozeß schweigt, was nicht heißen soll, daß man verrückt oder unausgeglichen sein soll. Ganz im Gegenteil – es erfordert die höchste Form des Denkens, um darüber hinausgehen zu können.

Also ist Liebe keine Sache des Kopfes. Erst wenn der Kopf schweigt, wenn er nicht mehr erwartet, fragt, fordert, sucht oder besitzen will, nicht mehr eifersüchtig, ängstlich oder besorgt ist; wenn der eigene Geist sich nicht mehr projiziert, indem er seinen besonderen Gefühlen, Begierden, Drängen, verborgenen Ängsten folgt, keine Selbsterfüllung mehr sucht und auch nicht mehr vom Glaubenszwang gehalten wird – erst dann wird Liebe möglich. Doch die meisten von uns denken, daß Liebe mit Eifersucht, Ehrgeiz oder der Verfolgung persönlicher Wünsche und persönlichem Ehrgeiz Hand in Hand gehen kann. Wo das alles herrscht, kann ganz gewiß Liebe nicht sein.

Wir sollten uns also nicht mit der Liebe beschäftigen, die spontan kommt, ohne daß wir speziell nach ihr suchen. Vielmehr müssen wir uns mit dem beschäftigen, das der Liebe im Wege steht, mit den Dingen des Kopfes, die sich selber projizieren und Grenzen ziehen. Deshalb ist es wichtig, daß wir den Denkprozeß, der der

Sitz des Selbstes ist, verstehen, ehe wir verstehen können, was Liebe ist. Deshalb ist es wichtig, die Frage der Selbsterkenntnis immer dringender zu stellen, nicht bloß zu sagen »ich muß lieben« oder »Liebe bringt die Menschen zusammen« oder »Ideen zerstören«, was bloß eine Wiederholung dessen ist, was Sie gehört haben und das daher ganz nutzlos ist. Worte verstricken. Doch wenn man die volle Bedeutung der eigenen Denkungsart verstehen kann, wenn man unsere Wünsche und unseren Ehrgeiz verstehen kann, dann besteht die Möglichkeit zu begreifen, was Liebe ist, oder sie vielleicht in sich zu tragen. Doch dazu muß man sich selber ganz besonders gut kennen.

Wo es Selbstverleugnung, Selbstvergessenheit gibt – nicht geplant, sondern spontan – eine Selbstvergessenheit, die keine Folge von Übungen oder Disziplinen ist, die bloß einschränken – da hat die Liebe eine Chance. Erst wenn das ganze Wesen des Selbst – im Bewußtsein wie auch im Unbewußten, im Wachzustand wie auch im Traum, erkannt wird, entsteht Selbstverleugnung. Dann versteht man alle Denkprozesse, so wie sie in der Beziehung, in jedem Vorfall, in der Reaktion auf jede Herausforderung, die man zu bestehen hat, stattfinden. In diesem Verständnis, in dieser Befreiung des Geistes von seinen eigenen, selbst-korrigierenden, selbst-einschränkenden Prozessen entsteht die Möglichkeit von Liebe.

Liebe ist kein Gefühl, Liebe ist keine Romantik, sie ist nicht von irgend etwas abhängig. Dieser Zustand ist besonders schwer zu begreifen oder zu leben, weil sich unsere Köpfe immer wieder einmischen, ihn einschränken, seine Funktion mißbrauchen. Deshalb ist es wichtig, daß man zuerst den Kopf und seine Wirkungsweise versteht. Sonst werden wir von Illusionen, Worten und Gefühlen gefangengenommen, die sehr wenig Bedeutung haben. Für die meisten Menschen sind Ideen eine Zuflucht, ein Fluchtweg. Ideen, die zum Glauben geworden sind, stehen dem vollkommenen Leben und Handeln, dem rechten Denken im Wege. Nur durch eine ständig sich vertiefende und erweiternde Selbsterkenntnis wird rechtes Denken und ein freies und intelligentes Leben möglich.

Bombay, 12. März 1950

Frage: Wir wissen, daß Sex eine körperliche und psychologische Notwendigkeit ist, und Sex scheint die eigentliche Ursache für das Chaos zu sein, welches das persönliche Leben unserer Generation durchzieht. Sex ist zum Schrecken junger Frauen geworden, die Opfer männlicher Lust wurden. Unterdrückung wie auch Nachgeben scheint beides wirkungslos zu sein. Wie können wir mit diesem Problem umgehen?

Krishnamurti: Wie kommt es, das aus allem, was wir anfassen, ein Problem wird? Wir machen ein Problem aus Gott, wir machen ein Problem aus der Liebe, wir machen ein Problem aus unseren Beziehungen, aus dem Leben selber, und wir machen ein Problem aus Sex. Warum? Warum machen wir aus allem ein Problem, einen Schrecken? Warum unterwerfen wir uns einem Leben mit Problemen? Warum beenden wir sie nicht? Warum machen wir nicht Schluß mit den Problemen? Warum schleppen wir sie Tag für Tag, Jahr für Jahr weiter mit uns herum? Die Frage nach dem Sex ist natürlich relevant, aber zunächst sollte die Frage lauten: Warum machen wir aus dem Leben ein Problem? Arbeit, Sex, Geld verdienen, Denken, Fühlen, Erfahrungen – Sie wissen schon, alles, was zum Leben gehört – warum ist es ein Problem? Liegt es nicht an unserem einseitigen Blickwinkel, daß wir nur von einem festen Standpunkt aus denken? Unser Denken verläuft vom Zentrum zur Peripherie, wobei für die meisten von uns die Peripherie das Zentrum ist, und damit wird alles, was wir berühren, oberflächlich.

Aber das Leben ist nicht oberflächlich. Es fordert, daß man es ganz lebt. Weil wir nur oberflächlich leben, kennen wir auch nur die oberflächliche Reaktion. Was immer wir an der Peripherie machen, verwandelt sich unausweichlich in ein Problem. Das ist unser Leben: Wir leben an der Oberfläche und sind zufrieden, mit der Problematik des Oberflächlichen zu leben.

Also bleiben uns die Probleme, solange wir an der Oberfläche, an der Peripherie verweilen. Die Peripherie ist das »Ich« mit seinen Empfindungen, die man objektivieren, aber auch subjektivieren kann, die man mit dem Universum, dem Vaterland oder mit irgend etwas anderem identifizieren kann, was sich der Geist ausdenkt. Solange wir aus dem Denken heraus leben, muß es Komplikationen, Probleme geben. Das ist alles, was wir kennen. Unser Denken ist die Folge aufgespeicherter Sinnesreize, Reaktionen und Wahrnehmungen, und alles, mit dem es in Kontakt kommt, muß Elend, Verwirrung und endlose Probleme hervorrufen. Das Denken ist die eigentliche Ursache für unsere Probleme – das Denken, das Tag und Nacht, bewußt und unbewußt, mechanisch arbeitet. Das Denken ist ein ganz oberflächliches Geschehen, und wir haben über Generationen hinweg – genauso wie jetzt – das Denken entwickelt, es immer klüger, scharfsinniger, listiger, unehrlicher und verdorbener gemacht. Das zeigt sich bei jeder Aktivität in unserem Leben. Es liegt in der Natur des Verstandes, unehrlich, verdorben zu sein und sich den Tatsachen nicht stellen zu können. Es ist dieses Ding, das die Probleme aufwirft, dieses Ding ist das Problem selber.

Was also meinen wir mit dem sexuellen Problem? Ist es der Akt oder sind es die Gedanken, die darum kreisen? Ganz gewiß ist es nicht der Akt. Der sexuelle Akt ist für Sie kein Problem – so wie das Essen kein Problem ist. Aber wenn Sie den ganzen Tag ans Essen denken würden, weil sie nichts anderes haben, an das Sie denken können, dann wird es für Sie zu einem Problem. Ist also der sexuelle Akt das Problem oder ist es das Denken, das sich damit beschäftigt? Warum denken Sie daran? Warum bauschen Sie es auf? Die Kinos, die Zeitschriften, die Geschichten, die Art, wie sich die Leute kleiden – das alles vermehrt Ihre Gedanken an Sex. Warum macht das Denken daraus so eine große Angelegenheit? Warum denkt man überhaupt an Sex? Warum ist das zu einem Hauptproblem in Ihrem Leben geworden? Wenn es soviel gibt, das Ihre Aufmerksamkeit erfordert, warum ist Ihr Verstand mit Sex beschäftigt, warum schenken Sie dem Ihre volle Aufmerksamkeit? Weil das ein letzter Fluchtweg ist, der eine Art vollkommener Selbstvergessenheit ist. Eine kurze Zeitlang, wenigstens einen Augenblick, können Sie sich selber vergessen, und es führt kein anderer Weg zur Selbstvergessenheit. Alles, was Sie in Ihrem Leben machen, bestärkt Sie in Ihrem Ich, in Ihrem Selbst. Ihre Geschäfte, Ihre Religion, Ihre Götter, Ihre Führer, Ihre politischen und wirtschaftlichen Aktivitäten, Ihre Zerstreuung, Ihre gesellschaftlichen Aktivitäten, Ihre Zugehörigkeit zu einer Partei und Ihre Opposition zu einer anderen, – das alles stärkt das Ich, hebt es hervor. Das heißt also, daß es nur einen einzigen Akt gibt, in dem das Ich nicht betont wird, und damit wird dieser zum Problem. Wenn es in Ihrem Leben nur eine einzige Angelegenheit gibt, die eine letzte Ausflucht ist, mittels der Sie sich, wenn auch nur für wenige Sekunden, vergessen können, dann klammern Sie sich daran, weil es der einzige Augenblick ist, in dem Sie glücklich sind. Alles andere, was Sie berühren, wird zum Alptraum, zu einer Quelle von Kummer und Schmerz. Deshalb klammern Sie sich an das Eine, das Ihnen totale Selbstvergessenheit schenkt, und das nennen Sie Glück. Doch auch das verwandelt sich in einen Alptraum, wenn Sie sich daran klammern, weil Sie sich nämlich dann davon wieder befreien wollen. Sie wollen nicht davon gefangengenommen werden. Also erfindet der Verstand die Idee von der Keuschheit, vom Zölibat, und Sie versuchen dann, zölibatär zu leben. Sie versuchen das, indem Sie unterdrücken, verleugnen, meditieren, verschiedene religiöse Praktiken anwenden, um keusch zu sein. Das aber sind alles nur geistige Tätigkeiten, die Sie von der Wirklichkeit abtrennen sollen. Auch das hebt wieder auf besondere Weise das Ich hervor, das auf diese Art etwas zu werden versucht. Damit beginnt die Mühsal erneut; Sie müssen arbeiten, sich bemühen und leiden unter Schmerzen.

Damit wird Sex zu einem außerordentlich schwierigen und komplizierten Problem, bis Sie den Geist verstehen, der über das Problem nachdenkt. Der Akt an sich kann niemals ein Problem sein. Es ist das Nachdenken darüber, das ein Problem daraus macht. Sie sichern den Akt ab, Sie leben ungebunden, oder Sie leben sich in der Ehe aus. Das Problem kann nur dann gelöst werden, wenn Sie die Struktur des Ich und die damit verbundenen Prozesse von »ich«

und »mein« verstehen: meine Frau, mein Mann, mein Kind, mein Besitz, mein Auto, meine Leistung, mein Erfolg. Sex wird solange ein Problem bleiben, bis Sie das alles verstanden und gelöst haben. Solange Sie in der Politik, in der Religion oder in etwas anderem ehrgeizig sind, solange Sie das Ego, den Denker, den Erfahrenden betonen, indem Sie ehrgeizig sind – gleichgültig ob im eigenen Namen als Individuum oder im Namen Ihres Landes, einer Partei oder einer Vorstellung, die Sie Religion nennen, – solange das Problem der Selbst-Aufblähung bestehen bleibt, werden Sie ein sexuelles Problem haben.

Gewiß bauen Sie sich einerseits auf, reifen und wachsen. Andererseits versuchen Sie, wenn auch nur momentan – sich selber zu vergessen. Kann beides nebeneinander bestehen? So vollzieht sich Ihr Leben im Widerspruch zwischen Ichbezogenheit und Selbstvergessenheit. Sex ist nicht das Problem. Es ist dieser Widerspruch in Ihrem Leben, der das Problem ist, und weil der Geist selber widersprüchlich ist, kann er das Problem nicht überbrücken. Sie können diesen Widerspruch erst dann verstehen, wenn Sie den Verlauf Ihres Alltags verstehen: in die Kinos gehen, Bücher lesen, Gedanken anregen, die Zeitschriften mit ihren halbnackten Fotos, wie Sie andere anschauen, die verstohlenen Blicke, die Sie treffen, – das alles ermutigt Ihren Geist auf Umwegen, das Ego hervorzuheben, und gleichzeitig versuchen Sie, freundlich, zärtlich und liebevoll zu sein. Beides geht nicht.

Der spirituell oder auf anderem Gebiet ehrgeizige Mensch kann niemals problemlos sein, weil die Probleme erst in der Selbstvergessenheit enden, wenn das Ich abwesend ist. Und dieser Abwesenheitszustand des Selbst ist nicht durch einen Willensakt hervorgerufen, ist keine bloße Reaktion. Sex wird zu einer Reaktion, und wenn das Denken versucht, die Probleme zu lösen, macht es das Ganze nur noch verwirrender, erschwert die Probleme.

Also ist nicht der Akt, sondern das Denken das Problem, das meint, es müsse keusch sein. Keuschheit ist keine Sache des Denkens, das nur seine eigenen Aktivitäten unterdrücken kann. Doch ist Unterdrückung keine Keuschheit. Keuschheit ist keine Tugend, Keuschheit kann man nicht entwickeln. Der Mensch, der Demut entwickelt, ist ganz gewiß kein demütiger Mensch. Vielleicht bezeichnet er seinen Stolz als Demut, doch ist er ein stolzer Mensch, der deshalb demütig werden möchte. Aber Stolz kann niemals zu Demut werden, und Keuschheit ist keine Angelegenheit des Denkens. Sie können nicht keusch werden. Nur wo Liebe ist, kann man wissen, was Keuschheit ist, und die Liebe kommt nicht aus dem Denken, das es sich auch nicht ausgedacht hat.

Also kann das sexuelle Problem, das so viele Menschen in aller Welt quält, nicht gelöst werden, ehe man nicht das Denken verstanden hat. Wir können nicht aufhören zu denken. Aber das Denken hört auf, wenn der Denker endet, und der Denker endet erst dann, wenn der Gesamtprozeß verstanden wird. Wenn Denken und Denker gespalten sind, entsteht Angst. Es gibt im Denken nur dann keinen Widerspruch, wenn es keinen Denker gibt. Es erfordert keine Mühe, das zu verstehen, was impliziert ist. Der Denker entsteht ja erst durch das Denken. Dann beeinflußt der Denker die Form, um seine Gedanken zu beherrschen oder um sie zu beenden. Der Denker ist eine fiktive Wesenheit, eine Illusion des Geistes. Wenn ein Gedanke als Tatbestand erkannt wird, erübrigt es sich, über den Tatbestand nachzudenken. Das, was die Tatsache impliziert, beginnt sich von allein zu enthüllen, wenn man einfach und ohne zu selektieren gewahr ist. Damit hört das Denken als Tatsache auf. Dann werden Sie erkennen, daß die Probleme, die an unseren Herzen und in unseren Köpfen nagen, die Probleme unserer gesellschaftlichen Struktur, gelöst werden können. Dann wird Sex kein Problem mehr sein. Dann nimmt Sex seinen ihm gebührenden Platz ein und ist weder eine reine noch eine unreine Angelegenheit.

Sex hat seinen Platz, aber wenn das Denken ihm einen vorrangigen Platz einräumt, wird das zu einem Problem. Das Denken gibt ihm einen so hohen Stellenwert, weil es ohne etwas Glück nicht leben kann, und so wird Sex zum Problem. Doch wenn das Denken seine eigenen Vorgänge versteht und sie deshalb beendet, d.h. wenn das Denken endet, dann entsteht Kreativität, und es ist dieser schöpferische Vorgang, der uns glücklich macht. Es ist Seligkeit, wenn man in diesem Zustand der Kreativität lebt, der Selbstvergessenheit ist, in dem es keine Reaktion von seiten des Selbst gibt. Das ist keine abstrakte Antwort auf das tägliche Sex-Problem – es ist die einzige Antwort. Das Denken leugnet die Liebe, und ohne Liebe gibt es keine Keuschheit. Sie machen aus Sex ein Problem, weil Ihnen die Liebe fehlt.

Frage: Liebe, so wie wir sie kennen und erfahren, ist die Verschmelzung zweier Menschen oder der Mitglieder einer Gruppe. In Ihrer Ausschließlichkeit liegen sowohl Schmerz als auch Freude. Wenn Sie behaupten, daß Liebe die einzige Lösung der Lebensprobleme ist, dann geben Sie diesem Wort eine Bedeutung, die wir kaum nachvollziehen können. Kann ein gewöhnlicher Mann wie ich jemals Liebe in Ihrem Sinne kennenlernen?

Krishnamurti: Jeder kann Liebe kennenlernen, aber nur, wenn Sie fähig sind, Tatsachen genau zu betrachten, ohne sie wegerklären zu wollen, ohne Widerstand zu leisten, ohne sie zu rechtfertigen. Schauen Sie alles nur sehr genau an, beobachten Sie exakt und im Detail. Was ist das, das wir Liebe nennen. Der Fragesteller behauptet, daß sie ausschließlich sei und wir durch sie Schmerz und Freude erfahren. Ist Liebe ausschließlich? Wir werden das herausfinden, während wir untersuchen, was wir Liebe nennen, was der sogenannte gewöhnliche Mensch Liebe nennt. Es gibt keinen sogenannten gewöhnlichen Menschen, es gibt nur den Menschen – nämlich Sie und mich. Der gewöhnliche Mensch ist eine fiktive Wesenheit, von den Politikern erfunden. Es gibt nur den Menschen – nämlich Sie und mich, die wir in Leid, Schmerz, Sorge und Angst leben.

Was ist nun unser Leben? Wir wollen damit beginnen, was wir kennen, um zu entdecken, was Liebe ist. Was ist unsere Liebe? Zwischen Schmerz und Vergnügen wissen wir, daß sie ausschließlich persönlich ist: meine Frau, meine Kinder, mein Land, mein Gott. Wir kennen sie als Flamme im Rauch. Wir kennen sie in Verbindung mit Eifersucht, in Verbindung mit Gängelei, in Verbindung mit Besitzanspruch, wir wissen, was sie ist, wenn ein Verlust entsteht, wenn der andere von uns gegangen ist. Also verstehen wir Liebe als Sinneswahrnehmung, nicht wahr? Wenn wir sagen, daß wir lieben, wissen wir um Angst, Eifersucht, Besorgnis. Wenn Sie sagen, daß Sie jemanden lieben, dann ist alles andere impliziert: Neid, der Wunsch zu besitzen, etwas sein eigen zu nennen, zu herrschen, die Angst vor Verlust und so fort. Das nennen wir alles Liebe, und wir kennen keine Liebe ohne Angst, ohne Neid, ohne Besitzanspruch. Diesen Zustand der Liebe, die angstfrei ist, die wir unpersönlich, rein, göttlich oder Gott weiß was sonst noch nennen, diese Liebe verbalisieren wir nur. Doch ist es eine Tatsache, daß wir eifersüchtig, herrschsüchtig und vereinnahmend sind. Erst wenn Eifersucht, Neid, Besitzanspruch oder Gängelei ein Ende finden, werden wir diesen Zustand der Liebe kennenlernen. Solange wir besitzen, werden wir Liebe niemals kennenlernen.

Das alles ist ein Gedankengang: Neid, Besitzanspruch, Haß, der Wunsch, die Person oder den Gegenstand zu beherrschen, die wir »mein« nennen, der Wunsch zu besitzen und besessen zu werden, nicht wahr? Ist Liebe ein Gedankengang, ist Liebe eine Sache des Verstandes? Für die meisten von uns ist sie es in der Tat. Sagen Sie nicht, daß es nicht so ist – es wäre Unsinn, das behaupten zu wollen. Streiten Sie nicht die Tatsache ab, daß Ihre Liebe eine Sache des Denkens ist. Sie ist es ganz gewiß. Andernfalls würden Sie nicht besitzen, Sie würden nicht dominieren, Sie würden nicht sagen: »Das gehört mir.« Aber weil Sie es sagen, ist Ihre Liebe eine Sache des Denkens. Damit ist Liebe für Sie ein Gedankengang. Sie können an die Person, die Sie lieben, denken – aber ist das Denken an die Person, die Sie lieben, Liebe? Wann denken Sie an die Person, die Sie lieben? Sie denken an sie, wenn sie gegangen, wenn sie fort ist, wenn sie Sie verlassen hat. Aber wenn sie Sie nicht beunruhigt, wenn Sie sagen können »sie gehört mir«, dann brauchen Sie nicht an Sie zu denken. Sie brauchen nicht an Ihr Mobiliar zu denken; denn es gehört Ihnen, und das ist ein Identifikationsprozeß, der dazu dient, daß Sie nichts zu stören braucht, damit Sie Schwierigkeiten, Sorgen oder Schmerz umgehen können. Also vermissen Sie die Person, von der Sie behaupten, daß Sie sie lieben, nur dann, wenn Sie beunruhigt sind, wenn Sie leiden, und solange Sie diese Person besitzen, brauchen Sie darüber nicht nachzudenken, weil Sie Ihr Besitz beruhigt. Doch wenn Ihnen der Besitz streitig gemacht wird, fangen Sie an nachzudenken und sagen: »Ich liebe diese Person.« Also ist Ihre Liebe bloß eine Reaktion Ihres Denkens, nicht wahr? Und das bedeutet, daß Ihre Liebe bloß Sinneswahrnehmung ist und das ist ganz bestimmt nicht Liebe. Denken Sie über die Person nach, wenn Sie ihr nahe sind? Wenn Sie besitzen, festhalten, dominieren, beherrschen, wenn Sie sagen können »sie gehört mir« oder »er ist mein«, gibt es kein Problem. Solange Sie sich Ihres Besitzes sicher sind, gibt es kein Problem. Und die Gesellschaft und alles, was um Sie herum etabliert ist, unterstützt

Sie darin, daß Sie ungestört sein können, nicht darüber nachdenken müssen. Sie beginnen nachzudenken, wenn man Sie stört, und Sie müssen gestört werden, solange Ihr Denken das ist, was Sie Liebe nennen.

Ganz gewiß ist Liebe keine Sache des Denkens. Uns fehlt die Liebe, weil die Angelegenheiten des Denkens unsere Herzen erfüllen. Die Angelegenheiten des Denkens sind: Eifersucht, Neid, Ehrgeiz, der Wunsch, jemand zu sein, Erfolg zu haben. Das alles erfüllt Ihr Herz, und dann behaupten Sie, daß Sie lieben! Wie können Sie aber lieben, wenn Sie diese ganzen verwirrenden Elemente in sich haben? Wo Rauch ist – wie kann es da eine reine Flamme geben? Die Liebe ist keine Angelegenheit des Denkens, und Liebe ist die einzige Lösung für unsere Probleme. Liebe kommt nicht aus dem Denken, und der Mensch, der Geld oder Wissen angehäuft hat, kann Liebe nicht kennen, weil er mit den Dingen des Denkens lebt. Seine Aktivitäten kommen aus dem Denken, und was er auch immer anfaßt, wird durch das Denken zu einem Problem, zu Verwirrung und Schmerz.

Was wir also unsere Liebe nennen, ist eine Sache des Denkens. Schauen Sie in sich, und Sie werden sehen, daß das, was ich sage, natürlich wahr ist. Sonst wären unsere Ehen, unsere Beziehungen ganz anders. Wir würden eine neue Gesellschaft bekommen. Wir binden uns aneinander nicht durch Verschmelzung, sondern durch Verträge, und das nennen wir dann Liebe und Ehe. Liebe verschmilzt nicht, paßt sich nicht an, sie ist weder persönlich noch unpersönlich. Sie ist ein Seinszustand. Der Mensch, der mit etwas Größerem verschmelzen will, der sich mit einem anderen verbinden will, weicht dem Elend, der Verwirrung aus. Aber das Denken bleibt abgesondert, und das ist Desintegration. Liebe kennt weder Verschmelzung noch Zerteilung, sie ist weder persönlich noch unpersönlich. Sie ist ein Seinszustand, den das Denken nicht finden kann. Er kann ihn beschreiben, ihn benennen, ihm einen Namen geben – aber das Wort, die Beschreibung ist nicht Liebe. Erst wenn das Denken schweigt, wird es die Liebe kennenlernen, und dieser Zustand der Stille ist nicht etwas, das man entwickeln könnte. Entwicklung ist immer Sache des Denkens: Disziplin kommt immer aus dem Denken, und ein Geist, der diszipliniert, beherrscht, unterworfen ist, ein Geist, der widersteht, erklärt, kann Liebe nicht kennen. Sie können darüber lesen, Sie können zuhören, was über Liebe gesagt wird, aber das ist keine Liebe. Erst wenn Sie die Dinge des Denkens beiseite legen, wenn Ihr Herz sich der Dinge des Denkens entledigt hat, kommt die Liebe. Dann werden Sie wissen, was es heißt, ohne Trennung, ohne Distanz, zeitlos, furchtlos zu lieben – und das ist nicht nur den wenigen beschieden. Liebe kennt keine Hierarchie, da gibt es nur Liebe. Nur da, wo Liebe fehlt, gibt es die vielen und den einen – Exklusivität. In der Liebe gibt es weder das »Du« noch das »Ich«. In diesem Zustand existiert nur die Flamme ohne Rauch.

New York, 18. Juni 1950

Frage: Wie kann ich meine Angst loswerden, die alle meine Handlungen beeinflußt?

Krishnamurti: Diese schwierige Frage erfordert große Aufmerksamkeit. Und wenn wir ihr nicht vollständig folgen und sie erforschen, d.h. sie Schritt für Schritt erfahren, während wir mit ihr umgehen, dann werden wir am Ende nicht frei von Angst sein.

Was meinen wir, wenn wir von Angst sprechen? Angst wovor? Es gibt verschiedene Arten der Angst, und wir brauchen nicht jede einzelne Art zu analysieren. Aber wir können erkennen, daß Angst dann entsteht, wenn wir nicht vollkommen verstehen, was Beziehung ist. Beziehung besteht nicht nur zwischen Menschen, sondern es gibt auch unsere Beziehung zur Natur, unsere Beziehung zu Besitz, unsere Beziehung zu Ideen – und solange wir diese Beziehung nicht ganz verstehen, muß es Angst geben. Leben ist Beziehung. Zu sein heißt, in Beziehung zu stehen, und ohne Beziehung gibt es kein Leben. Nichts kann in Isolation bestehen, und solange der Geist nach Isolation trachtet, muß es Angst geben. Also ist Angst keine Abstraktion, es gibt sie nur in Verbindung mit irgend etwas.

Nun ist die Frage, wie soll man die Angst loswerden. Zunächst einmal – alles, was man überwindet, muß man wieder und wieder erobern. Kein Problem kann endgültig überwunden, erobert werden. Man kann es begreifen, aber man kann es nicht erobern. Das sind zwei grundverschiedene Prozesse, und der Eroberungsprozeß führt zu immer mehr Verwirrung, zu mehr Angst. Es führt zu immer mehr Konflikt, wenn man sich zur Wehr setzt, sich mit einem Problem herumschlägt oder Widerstände aufbaut. Während die Angst niemals in irgendeiner Form zurückkehren wird, wenn wir sie Schritt für Schritt vollkommen verstehen, in sie eindringen, ihren ganzen Inhalt erforschen, – und das, hoffe ich, können wir jetzt machen.

Wie ich schon sagte, ist Angst keine Abstraktion, sie besteht nur in einem Bezug zu etwas. Nun, was meinen wir mit Angst? Letztendlich haben wir Angst, nicht zu sein, nicht zu werden. Wenn es diese Angst, nicht zu sein, nicht voranzukommen gibt oder diese Angst vor dem Unbekannten, vor dem Tod, – kann man diese Angst durch Entschlossenheit, durch eine Schlußfolgerung, durch Auswählen überwinden? Offensichtlich nicht. Die bloße Unterdrükkung, die Sublimierung oder der Ersatz baut mehr Widerstand auf, nicht wahr? Also kann die Angst niemals durch irgendeine Form von Disziplin, durch irgendeine Form von Widerstand überwunden werden. Auch kann man sich nicht durch die Suche nach einer Antwort oder durch bloße intellektuelle oder verbale Erklärung von der Angst befreien.

Wovor haben wir nun eigentlich Angst? Haben wir vor einem Tatbestand Angst oder vor der Vorstellung über den Tatbestand? Bitte beachten Sie diesen Punkt. Haben wir Angst vor der Sache, so wie sie ist, oder fürchten wir uns vor dem, was wir denken, daß es so ist? Nehmen Sie zum Beispiel den Tod. Haben wir Angst vor der Wirklichkeit des Todes oder vor der Vorstellung vom Tod? Die Wirklichkeit ist das Eine und die Vorstellung über die Wirklichkeit ist etwas anderes. Habe ich Angst vor dem Wort TOD oder vor der Wirklichkeit an sich? Weil ich mich vor dem Wort, vor der Vorstellung fürchte, verstehe ich niemals die Wirklichkeit, betrachte ich niemals die Wirklichkeit, bin ich niemals in direkter Beziehung zur Wirklichkeit. Erst wenn ich eine ganz enge Verbindung mit der Wirklichkeit habe, schwindet die Angst. Aber wenn ich keine Verbindung mit der Wirklichkeit habe, fürchte ich mich. Und solange ich eine Meinung, eine Vorstellung, eine Theorie in bezug auf die Wirklichkeit habe, bin ich nicht in Verbindung mit der Wirklichkeit. Deshalb muß ich mir ganz darüber klar sein, ob ich mich vor dem Wort, vor der Vorstellung oder vor der Wirklichkeit fürchte. Wenn ich im Angesicht der Wirklichkeit stehe, gibt es nichts zu verstehen, die Wirklichkeit liegt vor mir, und ich kann mit ihr umgehen. Wenn ich mich aber vor dem Wort fürchte, dann muß ich das Wort verstehen, in den ganzen Vorgang dessen eindringen, was das Wort impliziert.

Zum Beispiel fürchtet man sich vor der Einsamkeit, fürchtet sich vor der Qual, dem Schmerz der Einsamkeit. Ganz gewiß besteht diese Angst nur, weil man die Einsamkeit niemals wirklich betrachtet hat, niemals ganz mit ihr in Verbindung war. In dem Augenblick, in dem man für die Wirklichkeit der Einsamkeit ganz geöffnet ist, kann man verstehen, was sie ist. Aber man hat von ihr eine Vorstellung, eine Meinung über sie, die auf früherem Wissen gründet, und es ist diese Vorstellung, diese Meinung, dieses frühere Wissen über die Wirklichkeit, die Angst erzeugen. Also ist die Angst offensichtlich die Folge der Namengebung, der Bezeichnung, des Symbolentwurfs, um die Wirklichkeit darzustellen. Das bedeutet, daß Angst nicht unabhängig vom Wort existiert.

Ich reagiere – sagen wir – auf Einsamkeit, d.h. ich sage, daß ich Angst habe, nichts zu sein. Habe ich Angst vor der Wirklichkeit an sich oder wird die Angst dadurch geweckt, daß ich früheres Wissen über die Wirklichkeit habe, wobei Wissen das Wort, das Symbol, die Vorstellung ist. Wie kann man Angst vor der Wirklichkeit haben? Wenn ich der Wirklichkeit ins Gesicht schaue, in direkter Verbindung mit ihr bin, kann ich sie ansehen, sie beobachten – deshalb gibt es keine Angst vor der Wirklichkeit. Das, was die Angst verursacht, ist meine Ansicht von der Wirklichkeit, was die Wirklichkeit sein oder verursachen könnte.

Also ist es meine Meinung, meine Vorstellung, meine Erfahrung, mein Wissen in bezug auf die Tatsache, die die Angst erschafft. Solange die Tatsache verbalisiert wird – indem man die Tatsache benennt und sie dadurch identifiziert oder verdammt – so lange wie der Verstand als Beobachter die Tatsache beurteilt, muß es Angst geben. Das Denken ist das Produkt der Vergangenheit; es kann nur vermittels Verbalisierung, durch Symbole, durch Bilder existieren, und die Angst muß weiter bestehen, solange das Denken die Tatsache ansieht oder übersetzt.

Also ist es der Verstand, der die Angst erzeugt, der Verstand, der der Denkprozeß ist. Denken ist verbalisieren. Sie können nicht ohne Worte, ohne Symbole, ohne Vorstellungen denken. Diese Vorstellungen, die die Vorurteile, das frühere Wissen, die geistigen Ansichten sind, werden in die Tatsache projiziert, und daraus entsteht Angst. Frei von Angst sein kann man, wenn der Kopf fähig ist, die Tatsache zu sehen, ohne sie zu übersetzen, ohne sie zu benennen, ohne sie zu bezeichnen. Das ist recht schwierig, weil die Gefühle, die Reaktionen, die Sorgen, die wir haben, vom Kopf umgehend identifiziert und benannt werden. Das Gefühl der Eifersucht wird durch dieses Wort identifiziert. Wäre es nun möglich, ein Gefühl nicht zu identifizieren, dieses Gefühl nur anzuschauen, ohne ihm einen Namen zu geben? Es ist die Benennung des Gefühls, die ihm Kontinuität und Kraft schenkt. Im Augenblick, in dem Sie das benennen, was Sie Angst nennen, stärken Sie sie, aber wenn Sie das Gefühl betrachten können, ohne es zu bezeichnen, werden Sie sehen, wie es schwindet. Deshalb – wenn man ganz frei von Angst sein will, muß man unbedingt diesen ganzen Prozeß des Bezeichnens, des Projektierens von Symbolen, von Vorstellungen und der Namengebung verstehen. Das bedeutet, daß man nur dann von Angst frei sein kann, wenn man sich selbst kennt. Selbsterkenntnis ist der Anfang von Weisheit, die das Ende der Angst bedeutet.

Frage: Wie kann ich für immer das sexuelle Verlangen loswerden?

Krishnamurti: Warum wollen wir für immer das Verlangen loswerden? Sie nennen es sexuell, ein anderer bezeichnet es mit Verhaftung, Angst oder anderen Worten. Warum wollen wir irgendein Verlangen für immer loswerden? Weil dieses besondere Verlangen uns Schwierigkeiten bereitet, und wir wollen keine Schwierigkeiten. So verläuft unser Denkprozeß, nicht wahr? Wir wollen ungestört und in unser Selbst eingekapselt sein. Das bedeutet, daß wir für uns sein möchten, aber niemand kann bloß für sich leben. Der sogenannte fromme Mensch sucht wirklich vollkommene Isolation in seiner Suche nach Gott, in der er nicht gestört werden möchte, aber so ein Mensch ist nicht wirklich fromm. Die wahrhaft Frommen sind die, die voll und ganz verstehen, was Beziehung ist und die deshalb keine Probleme, keine Konflikte haben. Es ist nicht so, daß sie keine Schwierigkeiten hätten, aber weil sie nicht nach Gewißheit suchen, verstehen sie die Schwierigkeiten, und deshalb gibt es keinen Prozeß der Selbst-Einkapselung, der durch das Verlangen nach Sicherheit entsteht.

Diese Frage erfordert jetzt sehr viel Verständnis, weil wir es mit Sinneswahrnehmung zu tun haben, die Denken ist. Sex ist für die meisten Menschen zu einem außerordentlich großen Problem geworden. Da die Menschen unkreativ, ängstlich, eingekapselt und isoliert sind, ist Sex das einzige, durch das sie Erleichterung erfahren, der einzige Akt, in dem das Selbst vorübergehend abwesend ist. In diesem kurzen Zustand der Selbstverleugnung, wenn das Ich mit allen seinen Schwierigkeiten, Verwirrungen und Ängsten abwesend ist, kommt es zu großem Glück. In der Selbstvergessenheit liegt ein Gefühl von Stille, von Befreiung; und weil wir in religiöser, ökonomischer und in jeder anderen Hinsicht unkreativ sind, wird Sex zu einem überragend wichtigen Problem. Im Alltag gleichen wir Schallplatten, indem wir Sätze wiederholen, die wir gelernt haben. Im Religiösen sind wir Roboter, die mechanisch den Priestern folgen. Im Wirtschaftlichen und Sozialen sind wir durch Umwelteinflüsse gebunden, abgewürgt. Gibt es für uns irgendeine Befreiung in diesen Dingen? Offensichtlich nicht, und wo es keine Befreiung gibt, muß sich Frustration einstellen. Aus diesem Grund ist der sexuelle Akt für die meisten von uns zu so einem vitalen Problem geworden, weil es in ihm Befreiung gibt. Die Gesellschaft ermutigt und stimuliert das noch durch Werbung, Zeitschriften, das Kino und vieles mehr.

Solange wie das Denken, das die Folge, der Brennpunkt der Sinneswahrnehmung ist, Sex als ein Mittel zu seiner Befreiung ansieht, muß Sex ein Problem bleiben, und dieses Problem wird sich solange fortsetzen, wie wir unfähig bleiben, ganz und vollkommen kreativ zu sein und nicht bloß in einer bestimmten Richtung. Kreativität hat nichts mit Sinneswahrnehmung zu tun. Sex gehört dem Denken an und Kreativität ist nicht Sache des Denkens. Kreativität kommt nicht aus dem Denken, ist kein Produkt des Verstandes, und in diesem Sinne kann Sex, der Sinneswahrnehmung ist, niemals kreativ sein. Er mag Babys hervorbringen, aber das ist offensichtlich keine Kreativität. Solange wir von Sinneswahrnehmungen abhängig sind, um uns erleichtert zu fühlen, solange wir von Stimulation in irgendeiner Form abhängig sind, muß Frustration bleiben, weil das Denken unfähig wird zu erkennen, was Kreativität heißt.

Dieses Problem kann nicht mittels irgendeiner Disziplin gelöst werden, durch keine Tabus, mittels irgendwelcher sozialer Vorschriften oder Sanktionen gelöst werden. Es kann nur dann gelöst werden, wenn wir den gesamten geistigen Prozeß verstehen; denn es ist der Geist, der sexuell ist. Es sind die geistigen Bilder, die Fantasien und Vorstellungen, die das sexuelle Element stimulieren, und da der Geist das Ergebnis von Sinneswahrnehmungen ist, kann er nur immer sinnlicher werden. So ein Geist kann niemals kreativ sein, weil Kreativität nicht gleich Sinneswahrnehmung ist. Erst wenn der Geist keine Anregung in irgendeiner äußeren oder inneren Form sucht, kann er vollkommen ruhig und frei sein, und nur in dieser Freiheit gibt es Kreativität. Wir haben aus Sex etwas Häßliches gemacht, weil es die einzige private Sinneswahrnehmung ist, die wir haben. Alle anderen Wahrnehmungen sind öffentlich, offen. Aber solange wir Sinneswahrnehmung in irgendeiner Form als Mittel zur Befreiung benutzen, wird das nur unsere Probleme, die Verwirrnis und den Schmerz vergrößern, weil Befreiung niemals dadurch kommt, daß man nach einem Ergebnis sucht.

Der Fragesteller möchte das sexuelle Verlangen für immer beenden, weil er die Idee hat, daß er dann in einem Zustand sein wird, in dem alle Störungen verschwunden sind; deshalb sucht er ihn, strebt er danach. Aber gerade das Streben nach diesem Zustand hindert ihn daran, für das Begreifen des geistigen Prozesses frei zu sein. Solange der Geist bloß nach einem ewigen Zustand sucht, in dem er von allem ungestört ist, bleibt er verschlossen und kann daher niemals kreativ sein. Erst wenn der Geist frei ist von dem Verlangen, etwas zu werden, ein Ergebnis zu erreichen, – und damit befreit von der Angst, daß er völlig still sein kann. Erst dann besteht die Möglichkeit für diese Kreativität, die die Realität ist.

Frage: Ich werde nicht geliebt, möchte aber geliebt werden; denn ohne Liebe ist das Leben ohne Sinn. Wie kann ich diese Sehnsucht erfüllen?

Krishnamurti: Hoffentlich hören Sie nicht nur auf die Worte; denn die werden dann zu einer neuen Ablenkung, zur Zeitverschwendung. Aber wenn Sie wirklich die Dinge an sich erfahren, über die wir hier jetzt sprechen, dann werden sie eine ganz besondere Bedeutung bekommen. Denn obwohl Sie mit Ihrem bewußten Denken den Worten folgen mögen, so beteiligt sich das Unbewußte mit daran, wenn Sie an sich erfahren, was gesagt wird. Wenn man ihm die Gelegenheit gibt, wird das Unbewußte seinen ganzen Inhalt enthüllen und damit ein vollkommenes Verständnis unserer selbst hervorrufen. Also hoffe ich, daß Sie nicht bloß einer Rede zuhören, sondern wirklich die Dinge in sich erfahren, während wir vorangehen.

Der Fragesteller möchte wissen, wie man liebt und geliebt wird. Ist das nicht der Zustand, in dem sich die meisten von uns befinden? Wir wollen alle geliebt werden und Liebe schenken. Wir sprechen eine Menge darüber. Alle Religionen, alle Priester reden darüber. Wir wollen also entdecken, was wir mit Liebe meinen.

Ist Liebe Sinnesreiz? Ist Liebe eine geistige Angelegenheit? Können Sie über Liebe nachdenken? Sie können über das Objekt der Liebe nachdenken, aber Sie können nicht über die Liebe nachdenken, oder? Ich kann an die Person, die ich liebe, denken. Ich kann ein Bild, eine Vorstellung von dieser Person haben und ich kann mich an die Gefühle, die Erlebnisse unserer Beziehung erinnern. Aber ist Liebe Gefühl, Erinnerung? Wenn ich sage: »Ich will lieben und geliebt werden«, ist das nicht bloß ein Gedanke, eine Reflexion des Verstandes? Ist Denken Liebe? Wir denken ja, nicht wahr? Für uns ist Liebe Gefühl, Sinnesreiz. Aus diesem Grund haben wir Bilder von den Menschen, die wir lieben, deshalb denken wir an sie und sind an sie gebunden. Das ganze ist ein Gedankengang, nicht wahr?

Nun, das Denken ist in verschiedener Hinsicht frustriert, und deshalb sagt es: »Ich finde das Glück in der Liebe, deshalb brauche ich Liebe.« Deshalb klammern wir uns an den Menschen, den wir lieben; deshalb besitzen wir die Person sowohl psychisch als auch physiologisch. Wir machen Gesetze, um den Liebesbesitz zu schützen, ob es nun eine Person, ein Klavier, ein Stück anderer Besitz oder eine Idee, ein Glauben ist, weil wir uns sicher fühlen, wenn wir besitzen – mit allen Komplikationen, der Eifersucht, Angst, Argwohn und Besorgnis. So haben wir aus der Liebe eine Sache des Kopfes gemacht, und wir füllen das Herz mit den Dingen des Kopfes. Weil das Herz leer ist, sagt der Kopf: »Ich muß diese Liebe bekommen«, und wir versuchen, uns über die Ehefrau, über den

Ehemann zu erfüllen. Wir versuchen vermittels der Liebe etwas zu werden. Das bedeutet, daß die Liebe zu einer nützlichen Angelegenheit geworden ist, wir benutzen die Liebe als Mittel zum Zweck.

Also haben wir aus der Liebe eine Sache des Kopfes gemacht. Der Kopf wird zum Instrument für die Liebe, und der Kopf ist nur Sinneswahrnehmung. Denken ist die Reaktion des Gedächtnisses auf Sinnesreize. Ohne das Symbol, das Wort, das Bild gibt es kein Gedächtnis, gibt es kein Denken. Wir kennen den Sinnesreiz der sogenannten Liebe, und daran klammern wir uns, und wenn das versagt, wollen wir irgendeinen anderen Ausdruck derselben Sinneswahrnehmung. Je mehr wir die Sinneswahrnehmung entwikkeln, desto mehr entwickeln wir das sogenannte Wissen – das bloß Gedächtnis ist, und um so weniger Liebe gibt es.

Solange wir nach Liebe suchen, muß ein Vorgang einsetzen, der das Selbst einkapselt. Liebe impliziert Verletzlichkeit, Liebe impliziert enge Verbindung, und solange der einkapselnde Denk-Prozeß des Selbst am Werk ist, kann es keine Verbindung, keine Verletzlichkeit geben. Der Denkprozeß an sich ist Angst, und wie kann es eine enge Verbindung mit einem anderen geben, wo Angst herrscht, wenn wir das Denken als Mittel für weitere Stimulation einsetzen?

Nur wenn der ganze geistige Prozeß verstanden wird, kann es Liebe geben. Liebe gehört nicht dem Kopf an, und Sie können über Liebe nicht nachdenken. Wenn Sie sagen: »Ich will Liebe«, dann denken Sie daran, dann sehnen Sie sich danach, und das ist Sinnesreiz, ein Mittel zum Zweck. Deshalb ist es gar nicht die Liebe, die Sie wollen, sondern Stimulation: Sie suchen nach einem Mittel, durch das Sie sich erfüllen können, ob es nun eine Person, eine Arbeit oder eine besondere Anregung ist. Ganz gewiß ist das nicht Liebe. Liebe kann nur dann sein, wenn das Denken an das Selbst abwesend ist, und die Befreiung vom Selbst kommt durch Selbsterkenntnis. Mit Selbsterkenntnis kommt Verständnis, und wenn der Gesamtprozeß des Geistigen voll und ganz enthüllt und verstanden worden ist, dann werden Sie wissen, was Liebe ist. Dann werden Sie erkennen, daß Liebe nichts mit Sinnesreizen zu tun hat, daß sie kein Mittel zur Erfüllung ist. Dann ist Liebe an sich – ohne irgendein Ergebnis. Liebe ist ein Seinszustand, und in diesem Zustand gibt es kein »Ich« mit seinen Identifizierungen, Ängsten und seinem Besitz. Liebe kann nicht sein, solange die bewußten oder unbewußten Aktivitäten des Selbst, des Ich weiter fortbestehen. Aus diesem Grund ist es wichtig, daß man das Selbst als einen Vorgang, als das Zentrum des Wiedererkennens, welches das Ich ist, versteht.

Seattle, 6. August 1950

Frage: Wie kann ich meine Einsamkeit überwinden?

Krishnamurti: Können Sie Einsamkeit überwinden? Was Sie erobern, muß immer wieder von neuem erobert werden, nicht wahr? Nur das, was Sie verstanden haben, hört auf, aber was Sie erobern, endet niemals. Der kämpferische Vorgang gibt nur dem, gegen das Sie kämpfen, neue Nahrung und verstärkt es.

Was ist nun eigentlich diese Einsamkeit, derer sich die meisten von uns bewußt sind? Wir kennen sie, und wir laufen vor ihr davon, nicht wahr? Wir flüchten uns vor ihr in jede Art von Aktivität. Wir sind leer und einsam und davor fürchten wir uns, also versuchen wir, sie mit dem einen oder anderen zuzudecken – Meditation, der Suche nach Gott, gesellschaftliche Aktivität, Radio, Alkohol oder was Sie wollen – alles machen wir, bloß nicht uns ihr stellen, dranbleiben, sie verstehen. Fortlaufen ist immer dasselbe, egal ob wir es mit Hilfe der Gottesvorstellung oder des Trinkens tun. Solange man der Einsamkeit entflieht, besteht kein wesentlicher Unterschied zwischen der Gottessuche und der Trunksucht. Im Sozialen kann es da einen Unterschied geben, aber psychologisch befindet sich der Mensch, der vor sich selber, seiner eigenen Leere davonläuft, dessen Gottessuche nur eine Flucht ist, auf derselben Ebene wie der Trinker.

Es gilt, die Einsamkeit zu verstehen und nicht, sie zu überwinden; und wir können sie nicht verstehen, wenn wir uns ihr nicht stellen, wenn wir sie nicht direkt anschauen, wenn wir dauernd vor ihr davonlaufen. Und unser ganzes Leben ist ein Prozeß der Flucht vor der Einsamkeit, nicht wahr? Wir benutzen andere in unseren Beziehungen, um unsere Einsamkeit zuzudecken. Unsere Beschäftigung mit Wissen, unser Sammeln von Erfahrungen, alles, was wir machen, sind Ablenkungen, sind eine Flucht vor der Leere. Also müssen diese Ablenkungen aufhören. Wenn wir etwas verstehen sollen, müssen wir dem unsere volle Aufmerksamkeit schenken. Doch wie können wir der Einsamkeit unsere volle Aufmerksamkeit widmen, wenn wir uns vor ihr fürchten, wenn wir ihr mit Ablenkungen entfliehen? Wenn wir also wirklich Einsamkeit verstehen wollen, wenn wir beabsichtigen, sie ganz und gar zu begreifen, weil wir erkannt haben, daß es keine Kreativität gibt, bis wir nicht diesen inneren Mangel verstanden haben, der die Grundursache unserer Angst ist – wenn wir an diesen Punkt kommen, dann hört jede Art von Ablenkung auf, nicht wahr? Viele Menschen lachen über die Einsamkeit und sagen: »Ach, das ist nur etwas für die Bourgeoisie; um Himmels willen beschäftigen Sie sich mit etwas und vergessen Sie es.« Aber die Leere kann man nicht vergessen, man kann sie nicht ablegen. Wenn man also diese fundamentale Angelegenheit, die wir Einsamkeit nennen, verstehen will, muß alle Fluchtbewegung aufhören. Aber die hört nicht auf, indem man sich Sorgen macht, oder indem man nach einem Ergebnis trachtet oder indem man etwas tut, wonach man verlangt. Es ist wichtig zu erkennen, daß jede Form von Handlung eine Flucht, ein Vorgang der Selbst-Isolation ist, der nur noch mehr Konflikt, noch mehr Elend mit sich bringt, solange man die Einsamkeit nicht verstanden hat. Es ist wichtig, daß man diese Tatsache versteht; denn nur dann kann man sich der Einsamkeit stellen.

Wenn wir uns dann noch tiefer mit dieser Frage beschäftigen, wird es schwierig, weil wir wissen müssen, ob das, was wir Einsamkeit nennen, Aktualität hat oder bloß ein Wort ist. Ist Einsamkeit etwas Wirkliches oder bloß ein Wort, das etwas anderes vielleicht zudeckt, was nicht so ist, wie wir meinen, daß es ist. Ist nicht Einsamkeit bloß ein Gedanke, das Ergebnis des Denkens? Das heißt, denken ist verbalisieren auf der Basis von Gedächtnis. Gehen wir nicht von dieser Verbalisierung, von diesem Gedanken, von dieser Erinnerung aus, wenn wir den Zustand ansehen, den wir mit einsam bezeichnen? Es kann also sein, daß gerade das Benennen dieses Zustandes die Ursache der Angst sein könnte und uns das daran hindert, sie genauer anzusehen. Wenn wir ihr keinen Namen geben, der vom Verstand erfunden wurde, ist dann dieser Zustand einsam?

Ganz gewiß gibt es einen Unterschied zwischen Einsamkeit und dem Alleinsein. Einsamkeit ist der Höhepunkt im Prozeß der Selbst-Isolation. Je bewußter Sie sich Ihres Selbstes sind, um so isolierter sind Sie, und diese Selbst-Bewußtheit ist der Isolationsprozeß. Aber Alleinsein ist keine Isolation. Alleinsein kann es erst geben, wenn die Einsamkeit aufgehört hat. Das Alleinsein ist ein Zustand, in dem alle Einflüsse aufgehört haben, sowohl die Einflüsse von außen als auch die innere Beeinflussung durch das Gedächtnis. Und erst wenn der Geist in diesem Zustand des Alleinseins ist, kann er um das Unvergängliche wissen. Aber um dahin zu gelangen, müssen wir die Einsamkeit, diesen Isolationsprozeß verstehen, der das Selbst und seine Aktivität ist. Also ist Selbstverständnis der Anfang vom Ende der Isolation und daher der Einsamkeit.

Madras, 3. Februar 1952

Frage: Wie soll der Mensch zu seiner Selbsterfüllung gelangen, wenn er keine Ideale hat?

Krishnamurti: Gibt es überhaupt so etwas wie Erfüllung, obgleich die meisten unter uns Erfüllung suchen? Wir wissen, daß wir uns zu erfüllen suchen – durch die Familie, durch den Sohn, durch den Bruder, durch die Ehefrau, durch Besitz, durch die Identifizierung mit einem Land oder einer Gruppe oder durch das Streben nach einem Ideal oder durch den Wunsch nach Kontinuität des »Ich«. Auf den verschiedenen Bewußtseinsebenen gibt es unterschiedliche Formen von Erfüllung.

Gibt es so etwas wie Erfüllung? Was für ein Ding ist das, was sich erfüllt? Was ist das für eine Wesenheit, die über eine bestimmte Identifizierung danach trachtet zu sein? Wann denken Sie an Erfüllung? Wann suchen Sie nach Erfüllung?

Falls Sie das, worüber wir hier sprechen, nur auf einer Ebene der Worte behandeln, dann gehen Sie bitte, es ist bloß Zeitverschwendung. Aber wenn Sie tief eindringen möchten, dann folgen Sie, seien Sie aufmerksam und machen Sie mit, weil wir Intelligenz und keine abgedroschene Wiederholung von Phrasen, Worten und Beispielen benötigen, derer wir überdrüssig sind. Was wir brauchen, ist Kreativität, intelligente, integrierte Kreativität. Was bedeutet, daß Sie selber direkt danach forschen müssen, indem Sie den Ablauf in Ihrem eigenen Kopf verstehen. Wenn Sie also auf das hören, was ich sage, dann beziehen Sie es direkt auf sich selber und erfahren es an sich, während ich darüber spreche. Und Sie können es an sich nicht über meine Worte erfahren. Sie können es nur dann an sich erfahren, wenn Sie alle Ihre Fähigkeiten einsetzen, ernsthaft sind und wenn Sie Ihr eigenes Denken und Fühlen dabei beobachten.

Wann soll sich Begierde erfüllen? Wann sind Sie sich dieses Verlangens zu sein, zu werden, sich zu erfüllen bewußt? Bitte, beobachten Sie sich! Wann sind Sie sich dessen bewußt? Sind Sie sich dessen nicht dann bewußt, wenn es durchkreuzt wird? Sind Sie sich dessen nicht bewußt, wenn Sie sich ganz besonders einsam fühlen, das Gefühl haben, ganz und gar nichts zu sein? Sie sind sich dieses Verlangens nach Erfüllung nur dann bewußt, wenn Sie sich leer und einsam fühlen. Und dann jagen Sie in zahllosen Formen der Erfüllung nach: über Sex, über die Beziehung zu Besitz, zu Bäumen, über alles auf den verschiedenen Bewußtseinsebenen. Der Wunsch nach Sein, nach Identifikation, nach Erfüllung kommt nur dann, wenn das Ichbewußtsein leer und einsam ist. Der Wunsch, sich zu erfüllen ist eine Flucht vor dem, was wir Einsamkeit nennen. Also ist es nicht unser Problem, wie wir uns erfüllen sollen oder was Erfüllung ist, weil es so etwas wie Erfüllung gar nicht gibt. Das »Ich« kann sich niemals erfüllen, es ist immer leer. Sie mögen ein paar intensive Gefühle haben, wenn Sie an ein Ziel gekommen sind, aber sobald die Gefühle wieder verschwunden sind, fallen Sie zurück in Ihren leeren Zustand. Also fangen Sie mit dem gleichen Prozeß an wie vorher. Somit ist es das »Ich«, das die Leere kreiert. Das »Ich« ist das, was leer ist, das Ich ist ein sich selbst einschließender Vorgang, in dem wir uns dieser besonderen Einsamkeit bewußt werden; und indem wir uns dessen bewußt werden, versuchen wir, über verschiedene Formen der Identifizierung davonzulaufen. Wir nennen diese Identifizierung Erfüllung. In Wirklichkeit gibt es keine Erfüllung, weil der Verstand, das »Ich« sich niemals erfüllen kann. Es liegt in der Natur des »Ich«, in sich selber abgekapselt zu sein.

Was also soll der Geist, der dieser Leere gewahr ist, tun? Das ist Ihr Problem, nicht wahr? Für die meisten von uns ist dieser Schmerz der Leere besonders groß. Wir tun alles, um ihm zu entfliehen. Jede Illusion reicht aus, und das ist die Ursache der Illusion. Der Geist hat die Kraft, Illusion zu erschaffen; und solange wir diese Einsamkeit, diesen Zustand der selbstabkapselnden Leere nicht verstehen – machen Sie, was Sie wollen, suchen Sie nach jeglicher Erfüllung – gibt es immer diese Grenze, die abteilt, die keine Vollständigkeit kennt.

Also ist es unsere Schwierigkeit, uns dieser Leere, dieser Einsamkeit bewußt zu werden. Wir stellen uns ihr niemals. Wir wissen nicht, wie sie aussieht, welche Eigenschaften sie hat, weil wir immer vor ihr davonlaufen, uns zurückziehen, uns lösen, uns identifizieren. Wir stellen uns ihr nie direkt, wir kommunizieren nie mit ihr. Wir sind der Beobachter und das Beobachtete: d.h. der Kopf, das Ich, beobachtet diese Leere und das »Ich«, der Denker, geht dann daran, sich von dieser Leere zu befreien oder davonzulaufen.

Unterscheidet sich also diese Leere, diese Einsamkeit von dem Beobachter? Ist nicht der Beobachter selber leer? Wenn der Beobachter nämlich nicht fähig wäre, diesen Zustand, den er Einsamkeit nennt, zu erkennen, dann gäbe es keine Erfahrung. Er ist leer, er kann darauf nicht einwirken, er kann nichts daran ändern. Denn wenn er irgend etwas tut, wird er zum Beobachter, der auf das einwirkt, was er beobachtet, und das ist eine trügerische Verbindung.

Wenn also der Geist erkennt, sieht, gewahr wird, daß er leer ist und darauf nicht einwirken kann, dann bekommt jene Leere, der wir uns von außen her bewußt sind, eine andere Bedeutung. Bisher haben wir uns ihr als Beobachter angenähert. Jetzt ist der Beobachter selber leer, allein, einsam. Kann er daran irgend etwas ändern? Offensichtlich kann er es nicht. Danach ist seine Beziehung dazu eine ganz andere als jene, die der Beobachter hatte. Er lebt in dieser Einsamkeit. Er ist in diesem Zustand, in dem es keine Worte dafür gibt, daß »ich leer bin«. Im Augenblick, in dem er das ausspricht oder veräußerlicht, unterscheidet er sich davon. Wenn also die Ebene der Worte endet, wenn der Erfahrende aufhört, die Einsamkeit zu erfahren, wenn er aufhört davonzulaufen, dann ist er ganz und gar einsam. Seine Beziehung ist in sich selber Einsamkeit, er ist das selber, und wenn er das voll erkennt, hört ganz gewiß diese Leere, diese Einsamkeit auf.

Einsamkeit unterscheidet sich vollkommen vom Alleinsein. Diese Einsamkeit muß man durchschreiten, um allein zu sein. Einsamkeit kann man mit Alleinsein nicht vergleichen. Der Mann, der die Einsamkeit kennt, kann niemals wissen, was es heißt, allein zu sein. Sind Sie in diesem Zustand des Alleinseins? Um allein sein zu können, müßte unser Geist integriert sein. Aber die Vorgänge im Kopf an sich sind trennend. Und das, was trennt, kennt die Einsamkeit.

Doch das Alleinsein trennt nicht. Es ist etwas, das nicht ist wie die vielen, das nicht von den vielen beeinflußt wird, das nicht das Ergebnis der vielen ist, das nicht so zusammengefügt ist wie der Verstand. Der Verstand gehört den vielen an. Der Verstand ist keine Wesenheit, die allein ist, da er in Jahrhunderten zusammengesetzt, zusammengefügt, gebildet wurde. Der Verstand kann niemals allein sein. Der Verstand kann niemals verstehen, was Alleinsein bedeutet. Wenn Sie aber der Einsamkeit gewahr werden, während Sie sie durchleben, entsteht jenes Alleinsein. Nur dann kann das sein, was unermeßlich ist.

Unglücklicherweise suchen die meisten von uns Abhängigkeit. Wir wollen Kameraden, wir wollen Freunde, wir wollen in einem Zustand der Trennung leben, einem Zustand, der in den Konflikt führt. Das, was allein ist, kann niemals in einem Konfliktzustand sein. Aber der Verstand kann das niemals begreifen, kann es niemals verstehen, er kennt nur die Einsamkeit.

Frage: Sie haben gesagt, daß die Wahrheit nur dann kommen kann, wenn man allein sein kann und das Leid liebt. Das ist nicht klar. Seien Sie doch so freundlich und erklären Sie, was Sie damit meinen, allein zu sein und das Leid zu lieben.

Krishnamurti: Die meisten von uns haben keine wirkliche Verbindung mit irgend etwas. Wir kommunizieren nicht direkt mit unseren Freunden, mit unseren Frauen, mit unseren Kindern. Wir stehen mit nichts in direkter Verbindung. Da gibt es immer mentale, eingebildete und echte Schranken; und offensichtlich ist dieses Abgetrenntsein die Ursache des Leides. Sagen Sie nicht, »ja, das haben wir gelesen, wir kennen das genau«. Wenn Sie das jetzt direkt erfahren, werden Sie sehen, daß Leid nicht durch einen mentalen Vorgang beendet werden kann. Sie können das Leid wegerklären, und das ist ein mentaler Vorgang, aber das Leid ist immer noch da, obgleich Sie es zudecken.

Sie müssen das Leid ganz gewiß lieben, wenn Sie es verstehen wollen. Das heißt, Sie müssen mit dem Leid ganz verbunden sein.

Wenn Sie etwas vollkommen verstehen wollen – Ihren Nachbarn, Ihre Frau, oder irgendeine andere Beziehung – dann müssen Sie dem nahe sein. Sie müssen bedenkenlos, vorurteilslos, ohne zu verurteilen und ohne Widerwillen dahin gehen; sie müssen das ganz genau ansehen. Wenn ich Sie verstehen möchte, darf ich keine Vorurteile gegen Sie hegen. Ich muß in der Lage sein, Sie ohne Schranken, ohne den Filter meiner Vorurteile und Konditionierungen zu sehen. Ich muß mit Ihnen kommunizieren, und das heißt, daß ich Sie lieben muß. Auf ähnliche Weise muß ich das Leid lieben, mit ihm kommunizieren, wenn ich es verstehen will. Aber das kann ich nicht, weil ich mittels Erklärungen, mittels Theorien, mittels Hoffnungen, mittels Verzögerungen vor ihm davonlaufe, was alles Verbalisierungsprozesse sind. Somit sind es Worte, die verhindern, daß ich mit dem Leid in direkter Verbindung bin. Worte hindern mich – Worte der Erklärung, Schlußfolgerungen, was immer noch Worte sind, die Gedankengänge formen, – hindern mich daran, in direkter Verbindung mit dem Leid zu sein. Nur wenn ich in direkter Verbindung mit dem Leid bin, kann ich es verstehen.

Der nächste Schritt ist dann: Unterscheide ich mich, der Beobachter des Leids, vom Leid? Bin ich, der Denker, der Erfahrende, etwas anderes als das Leid? Ich habe es veräußerlicht, damit ich etwas daran ändern kann, damit ich es umgehen kann, damit ich es erobern kann, damit ich davor fliehen kann. Unterscheide ich mich von dem, was ich Leid nenne? Offensichtlich nicht. Also bin ich das Leid – es ist nicht so, daß es Leid gibt und ich etwas anderes bin, ich bin das Leid. Erst dann gibt es eine Möglichkeit, dem Leid ein Ende zu bereiten.

Solange wie ich der Beobachter des Leides bleibe, hört das Leid nicht auf. Aber wenn es zu der Erkenntnis kommt, daß »Ich« das Leid bin, daß der Beobachter selber Leid ist, wenn der Geist erkennt, daß er selber Leid ist – und nicht, wenn er Leid beobachtet oder Leid empfindet –, daß er selber der Schöpfer des Leides und der Leidfühlende ist, dann hört das Leid auf. Es ist ganz besonders schwierig, diese Erfahrung zu machen, ihrer gewahr zu werden, weil wir über Jahrhunderte hinweg diese Sache gespalten haben. Nicht traditionelles Denken ist hierfür erforderlich, sondern ein sehr waches, aufmerksames, intelligentes Gewahrsein. Dieser intelligente, integrierte Zustand ist Alleinsein. Wenn der Beobachter das Beobachtete wird, dann ist das dieser integrierte Zustand; und in diesem Alleinsein, in diesem Zustand gänzlichen, erfüllten Alleinseins, wenn das Denken nicht nach irgend etwas sucht, nicht herumtastet, weder Belohnung sucht noch Strafe ausweicht, wenn das Denken wahrhaftig still geworden ist, erst dann entsteht das, was das Denken nicht ermessen kann.

Einsamkeit
(*aus:* Verstand und Liebe)

Ihr Sohn war vor kurzem gestorben, und sie sagte, sie wüßte nicht, was sie nun machen sollte. Sie hätte soviel Zeit, sie sei innerlich so leer, sie sei so schmerzerfüllt und müde, daß sie zum Sterben bereit sei. Sie hatte ihn mit Liebe und Intelligenz großgezogen, und er war auf eine der besten Schulen und ins College gegangen. Sie hatte ihn nicht verzogen, obgleich er alles bekommen hatte, was er benötigte. Sie hatte ihren Glauben und ihre Hoffnung auf ihn gesetzt und ihm ihre ganze Liebe gegeben; denn es gab niemand sonst, mit dem sie ihre Liebe hätte teilen können, da sie und ihr Mann sich vor langer Zeit getrennt hatten. Infolge einer Fehldiagnose und Operation war ihr Sohn gestorben, obgleich (wie sie lächelnd hinzufügte), die Ärzte behauptet hatten, daß die Operation »erfolgreich« verlaufen wäre. Jetzt war sie allein und verlassen, und das Leben erschien ihr sinnlos und nichtig. Als er starb, hatte sie solange geweint, bis sie keine Tränen mehr hatte und nichts zurückblieb außer einer dumpfen, schweren Leere. Sie hatte so große Pläne für sie beide gehabt, aber jetzt war sie ganz verloren.

Vom Meer wehte eine Brise herüber, kühl und frisch, und unter dem Baum war es still. Die Berge leuchteten in ihren Farben, und die blauen Eichelhäher waren sehr geschwätzig. Eine Kuh trottete vorüber, gefolgt von ihrem Kalb, und ein Eichhörnchen sauste wild schwatzend einen Baum hoch. Es blieb auf einem Zweig sitzen und begann zu schimpfen, was eine ganze Zeitlang dauerte, während sein Schwanz ruckartig auf und nieder wippte. Es hatte leuchtend helle Augen und scharfe Krallen. Eine Eidechse kam, um sich aufzuwärmen und fing eine Fliege. Die Baumwipfel schwangen sachte hin und her, und ein abgestorbener Baum ragte gerade und großartig gegen den Himmel. Er war von der Sonne gebleicht. Neben ihm stand ein anderer toter Baum, der dunkel und gebeugt war – in seinem Verfall noch nicht so weit fortgeschritten. Einige Wolken verweilten über den fernen Bergen.

Was für eine merkwürdige und beängstigende Sache ist doch die Einsamkeit. Wir gestatten uns niemals, ihr zu nahe zu kommen. Sollten wir es zufällig doch tun, laufen wir ihr schnell davon. Wir tun alles, um ihr zu entfliehen, um sie zuzudecken. Unser bewußtes oder unbewußtes Vorurteil ist es wohl, sie entweder zu vermeiden oder sie zu überwinden. Beides – vermeiden und überwinden – ist vergebens. Der Schmerz, das Problem bleibt trotz Unterdrückung oder Vernachlässigung. Man kann sich in einer Menschenmenge verlieren und doch ganz einsam sein. Man kann ganz besonders aktiv sein und doch schleicht sich die Einsamkeit ein. Legen Sie Ihr Buch beiseite – und sie ist da. Vergnügen und Trinken können die Einsamkeit nicht vertreiben. Man kann ihr vorübergehend entgehen, aber wenn Gelächter und die Wirkung des Alkohols vorüber sind, kehrt die Angst vor der Einsamkeit zurück. Sie sind vielleicht erfolgreich und ehrgeizig, haben große Macht über andere, verfügen über viel Wissen oder Sie vergessen sich vielleicht in Ritualen. Doch Sie können machen, was Sie wollen, der Schmerz der Einsamkeit bleibt. Vielleicht leben Sie nur für ihren Sohn, Ihren Meister, Ihr Talent, aber die Einsamkeit umgibt Sie wie die Dunkelheit. Sie mögen lieben oder hassen und Ihrem Temperament und Ihren psychologischen Bedürfnissen gemäß ihr ausweichen, aber die Einsamkeit bleibt, wartet und beobachtet, zieht sich nur zurück, um erneut wiederzukommen.

Einsamkeit ist das Gewahrwerden totaler Isolation. Und sind unsere Aktivitäten nicht Selbstabkapselung? Obgleich unsere Gedanken und Gefühle expansiv sind, sind sie nicht auch ausschließend und entzweiend? Versuchen wir nicht in unseren Beziehungen, in unseren Rechten und in unserem Besitz zu dominieren und schaffen damit Widerstand? Sehen wir Arbeit nicht als »deine« und »meine« an? Identifizieren wir uns nicht mit dem Kollektiv, mit dem Land oder mit der Minderheit? Geht nicht unsere ganze Tendenz in die Isolation, in Entzweiung und Trennung? Egal auf welcher Ebene, die Aktivität des Selbst führt immer in die Isolation, und die Einsamkeit ist das Bewußtsein des Selbst, wenn es nicht aktiv ist. Körperliche oder psychologische Aktivität wird zu einem Mittel der Selbsterweiterung, und wenn es keinerlei Aktivität gibt, wird man sich der Nichtigkeit des Selbst bewußt. Diese Nichtigkeit versuchen wir zu füllen, und wir verbringen unser Leben damit, sie auf einer edlen oder unedelen Ebene zu füllen. Es scheint so, als gäbe es keinen soziologischen Schaden, wenn man dies auf einer edlen Ebene tut. Doch nährt die Illusion unsägliches Elend und Zerstörung, was nicht unmittelbar eintreten muß. Das Verlangen, diese Nichtigkeit zu füllen oder vor ihr zu fliehen – was dasselbe ist – kann weder sublimiert noch unterdrückt werden. Denn wer ist die Wesenheit, die es unterdrücken oder sublimieren könnte? Ist nicht gerade diese Wesenheit eine andere Form des Verlangens? Die Objekte des Verlangens können verschiedene sein, aber ist nicht alle Begierde ähnlich? Sie können das Objekt Ihrer Begierde vom Trinken in eine geistige Vorstellung verlagern, aber Illusion ist unvermeidlich, wenn Sie den Vorgang der Begierde nicht verstehen.

Es gibt keine Wesenheit, die getrennt von der Begierde existiert, es gibt nur Begierde und nicht jemanden, der begehrt. Begierde trägt zu verschiedenen Zeiten unterschiedliche Masken, je nach Interesse. Die Erinnerung an diese verschiedenen Interessen trifft auf das Neue, was zum Widerspruch führt, und so entsteht der, der selektiert, der sich als abgetrennte Wesenheit etabliert und von der Begierde unterscheidet. Doch ist die Wesenheit nichts anderes als ihre Eigenschaften. Die Wesenheit, die die Nichtigkeit auszufüllen versucht oder vor der Leere, der Unvollkommenheit, der Einsamkeit flieht, unterscheidet sich nicht von dem, was sie vermeidet: das ist sie. Sie kann nicht vor sich selber davonlaufen. Alles, was sie tun kann, ist, sich selber zu verstehen. Sie ist ihre Einsamkeit, ihre Nichtigkeit; und sie wird solange in Illusion und endlosem Konflikt verharren, wie sie sich als getrennt von ihr sieht. Erst wenn sie direkt erfährt, daß sie ihre eigene Einsamkeit ist, kann sie von Angst frei werden. Die Angst existiert nur in Verbindung mit einem Gedanken, und Gedanke ist die Reaktion des Gedächtnisses in Form von Denken. Das Denken ist das Ergebnis von Erfahrung, und obgleich man über die Nichtigkeit nachdenken und Empfindungen dabei haben kann, kann der Verstand die Leere nicht direkt kennenlernen. Das Wort Einsamkeit mit seinen schmerzlichen und beängstigenden Erinnerungen verhindert, daß man sie ganz neu erfährt. Das Wort ist Erinnerung, und wenn das Wort seine Bedeutung verliert, wandelt sich die Beziehung zwischen dem Erfahrenden und dem, was er erfährt. Dann ist diese Beziehung direkt und nicht über ein Wort, nicht durch die Erinnerung. Dann ist der Erfahrende die Erfahrung selber, was allein von Angst befreit.

Liebe und Nichtigkeit können nicht zusammen wohnen. Wo das Gefühl von Einsamkeit ist, gibt es keine Liebe. Sie können die Nichtigkeit hinter dem Wort Liebe verstecken, aber wenn Ihr Liebesobjekt nicht mehr da ist oder nicht reagiert, dann werden Sie Ihrer Nichtigkeit gewahr, sind frustriert. Wir verwenden das Wort Liebe als Mittel zur Flucht vor uns selber, vor unserer Unzulänglichkeit. Wir klammern uns an den, den wir lieben, wir sind eifersüchtig, er fehlt uns, wenn er nicht da ist, und wir sind völlig verloren, wenn er stirbt. Dann suchen wir nach Trost in anderer Form, in einem Glauben, in einem Ersatz. Ist das alles Liebe? Liebe ist kein Gedanke, sie ist nicht das Ergebnis von Assoziation, Liebe ist nicht etwas, das man als Flucht vor der eigenen Erbärmlichkeit benutzen kann, – und wenn wir das doch tun, schaffen wir Probleme, die unlösbar sind. Liebe ist keine Abstraktion, aber ihre Realität kann man nur dann erfahren, wenn das Denken, der Kopf, nicht mehr der oberste Faktor ist.

Eine Diskussion mit Professor Maurice Wilkins, Brockwood Park 12. Februar 1982

Maurice Wilkins: Es scheint mir, daß der Verstand in einer kreativen Beziehung beteiligt ist, jedoch nur mit einem sehr geringen Anteil.

Krishnamurti: Ja, aber ist es Liebe, wenn Sie denken?

MW: Nein, ist es nicht, aber ich frage mich doch, ob das Denken nicht irgendwie mit Liebe zu tun hat? Ich meine, zwangsläufig in einem bestimmten Ausmaß.

K. Nein – ich bezweifle, ob Liebe etwas mit Denken zu tun hat.

MW: Nein, ganz gewiß nicht.

K: Ist es also möglich, einen anderen zu lieben, ohne zu denken? Jemanden zu lieben heißt, nicht zu denken. Das führt zu einer völlig veränderten Beziehung, zu einer ganz anderen Handlung.

MW: Ja, nun ich meine, in einer Liebesbeziehung kann der Anteil des Denkens sehr groß sein, aber es ist nicht die Hauptsache.

K: Nein, wenn Liebe eintritt, kann der Verstand durchaus mitwirken, aber es geht nicht anders herum.

MW: Ja, nicht anders herum. Die eigentliche Schwierigkeit scheint darin zu bestehen, daß es eine Tendenz gibt, die den Anschein vermittelt, daß es anders herum ginge. Wir sind wie Computer, die von unseren Programmen gelenkt werden. Eine Minute lang habe ich umzusetzen versucht, was Sie über das Aufhören des Denkens in der Beziehung gesagt haben und habe mich gefragt, was für eine Art von Beziehung das denn sein sollte, in der der Verstand schweigt.

K: Sehen Sie nur, was ohne Denken geschieht. Ich habe eine Beziehung zu meinem Bruder oder zu meiner Frau, und diese Beziehung gründet nicht auf dem Verstand, sondern auf einer tieferen Basis, nämlich auf Liebe. Warum sollte ich in dieser Liebe, in diesem seltsamen Gefühl überhaupt denken? Die Liebe ist umfassend, aber wenn sich der Verstand einmischt, entzweit er, und das zerstört ihre Eigenschaft, ihre Schönheit.

MW: Aber ist denn Liebe allumfassend? Ist sie nicht eher alles beherrschend als allumfassend? Liebe kann sich doch ohne Gedanken ganz gewiß nicht adäquat ausdrücken.

K: Allumfassend im Sinne von ganz. Was ich meine – Liebe ist nicht das Gegenteil von Haß.

MW: Nein.

K: Also birgt sie nicht das Gefühl von Dualität.

MW: Ich nehme an, daß Liebe mehr die Eigenschaft einer Beziehung hat, eine Eigenschaft des Seins ist, welches sie durchdringt.

K: Ja. Wenn das Denken einsetzt, dann erinnere ich mich an alles, was sie tat oder was ich tat, all die Schwierigkeiten, all die Ängste kriechen herein. Eine unserer großen Schwierigkeiten ist es, daß wir diese Liebe, die nicht besitzen, nicht anhaften will, die nicht Eifersucht, nicht Haß und das alles ist, weder verstehen noch fühlen.

MW: Ist Liebe im wesentlichen nicht Gewahrwerden der Einheit?

K: Würden Sie sagen, daß Liebe gar nicht weiß, was Gewahrsein ist, es ist einfach Liebe. Es ist nicht so, daß sich die Liebe gewahr ist, daß wir alle eins sind. Sie ist wie ein Duft. Sie können den Duft nicht zerlegen oder ihn analysieren. Es ist ein wunderbarer Duft, und sobald Sie ihn analysieren, löst er sich auf.

MW: Ja, wenn Sie sagen, sie ist ein Duft, dann ist sie irgendwie eine Eigenschaft. Aber dann ist diese Eigenschaft mit dem Gefühl von Einheit verbunden, nicht wahr?

K: Sie geben ihr doch eine Bedeutung.

MW: Ich spreche darum herum. Ich versuche nicht, sie festzunageln. Aber kann es denn Liebe geben, in der man diese Einheit nicht gewahr wird?

K: Sie ist viel mehr als das.

MW: Nun gut, sie ist mehr als das. Aber kann sie da sein, wenn das Gefühl von Einheit abwesend ist?

K: Einen Augenblick. Kann ich Katholik sein und sagen, daß ich liebe, daß ich Mitleid habe? Können Mitleid und Liebe da sein, wo dieser tiefe Glaube, diese Vorstellungen, dieses Vorurteil herrschen? Liebe braucht Freiheit für ihr Dasein. Nicht die Freiheit, tun und lassen zu können, wie es einem beliebt – das ist Unsinn. Die Freiheit, wählen zu können und so weiter ist ohne Belang für das, worüber wir jetzt sprechen – aber um zu lieben, muß man absolut frei sein.

MW: Ja, doch kann der Katholik dennoch eine ganze Menge Liebe haben. Aber sie ist in bestimmten Situationen eingeschränkt.

K: Ja, natürlich.

MW: Aber das ist, als wollte man um ein Ei bitten, das nur zum Teil faul ist! Dieses Gefühl von Einheit gehört einfach zu dieser Angelegenheit, nicht wahr?

K: Die Einheit ist da, wenn wir lieben.

MW: Ja, unvermeidlich. Ich stimme mit Ihnen darin überein, daß das bloße Gefühl von Einheit noch lange nicht ausreichend ist, damit sich Liebe einstellt.

K: Sehen Sie, alle Religionen und die Menschen mit religiöser Einstellung verbinden Liebe und Hingabe mit einem bestimmten Objekt oder einer besonderen Idee, einem Symbol. Es ist keine schrankenlose Liebe. Das ist der Punkt. Kann Liebe sein, wenn das Selbst da ist? Natürlich nicht.

MW: Aber wenn Sie sagen, daß das Selbst ein festes Bild ist, dann kann Liebe nicht mit irgend etwas Festem existieren, weil sie schrankenlos ist.

K: Das stimmt.

MW: Aber ich glaube, daß in einer sich entwickelnden Dialogbeziehung, in der die beiden Köpfe kein Gefühl von Einschränkung haben und deshalb zeitlos sind, weil Zeit sie ja wieder beschränken würde, mir scheint, daß dann in dieser Beziehung etwas Neues entstehen könnte.

K: Ja, aber können sich denn zwei Köpfe jemals finden? Sind sie wie zwei parallel verlaufende Eisenbahnlinien, die sich niemals kreuzen? Verläuft denn unsere menschliche Beziehung als Frau, Mann und so weiter, immer parallel, wo jeder seiner eigenen Linie folgt und man sich niemals wirklich begegnet im Sinne von echter Liebe füreinander oder sogar Liebe in einer Liebe ohne Objekt?

MW: Nun, in der Praxis gibt es immer einen gewissen Grad von Trennung.

K: Ja, das ist alles, was ich meine.

MW: Wenn sich die Beziehung auf einer anderen Ebene abspielte, dann gäbe es keine Linien mehr, die im Raum von einander getrennt wären.

K: Natürlich – aber diese Ebene zu erreichen, scheint unmöglich zu sein. Ich bin an meine Frau gebunden, und ich sage ihr, daß ich sie liebe, und sie ist an mich gebunden. Ist das Liebe? Ich besitze sie, sie besitzt mich, oder es gefällt ihr, wenn ich sie besitze und so weiter, – diese ganzen Komplikationen in der Beziehung. Aber ich sage ihr oder sie sagt mir: »Ich liebe dich« und das scheint uns zu befriedigen. Ich bezweifle, ob das überhaupt Liebe ist.

MW: Nun, die Menschen fühlen sich dadurch eine gewisse Zeitlang beruhigt.

K: Ist es Liebe, wenn man sich beruhigt fühlt?

MW: Eingeschränkte – und wenn der eine Partner stirbt, fühlt sich der andere elend.

K: Ja – mit Einsamkeit, Tränen und Leid. Wir sollten wirklich darüber sprechen. Ich kannte einst einen Mann, für den war das Geld soviel wie Gott. Er hatte sehr viel Geld, und als er starb, wollte er alle Dinge, die er besaß, anschauen. Der Besitz war er selber. Nach außen hin starb er, ließ er seinen Besitz zurück, aber die äußeren Besitztümer waren er selber. Und er hatte Angst, nicht davor, daß dieser Zustand zu Ende ging, sondern davor, jenes zu verlieren. Verstehen Sie? DAS zu verlieren – nicht etwa sich selbst zu verlieren und etwas Neues zu finden.

MW: Darf ich Ihnen eine Frage über den Tod stellen? Was halten Sie von einem Mann, der im Sterben liegt und alle Menschen, die er gekannt hat, sehen will, alle seine Freunde, ehe er stirbt. Bedeutet das, daß er mit diesen Beziehungen verhaftet ist??

K: Ja, das ist Verhaftetsein. Er ist dabei zu sterben, und der Tod ist ziemlich einsam, das ist ein ganz exklusiver Klub, eine exklusive Aktion. In diesem Zustand will ich meine Frau, Kinder und Enkel sehen, weil ich weiß, daß ich sie alle verlieren werde, ich werde sterben. Das ist eine erschreckende Angelegenheit. Ich sah neulich einen Mann, der im Sterben lag. Wissen Sie, ich habe noch nie solche Angst gesehen, solche absolute Angst vor dem Ende. Er sagte:

»Ich habe solche Angst, von meiner Familie, von dem Geld, das ich habe, von den Dingen, die ich getan habe, getrennt zu werden. Das ist meine Familie. Ich liebe sie, und mir graust davor, sie zu verlieren.«

MW: Aber ich nehme an, daß der Mann alle seine Freunde und seine Familie sehen wollte, um zu sagen...

K: »Auf Wiedersehen, alter Junge, wir sehen uns auf der anderen Seite wieder!« Das ist eine andere Geschichte.

W: Möglich.

K: Ich kannte einmal einen Mann, der sagte zu seiner Familie: »Im Januar nächsten Jahres werde ich an dem und dem Tag sterben.« An diesem Tag lud er alle seine Freunde und seine Familie zu sich. Er sagte: »Ich sterbe heute.« Dann machte er sein Testament. »Bitte laßt mich allein.« Sie marschierten alle aus dem Zimmer, und er starb!

MW: Nun gut, wenn diese Beziehungen zu diesen Menschen ihm wichtig waren und er sterben würde, wollte er sie nur ein letztes Mal sehen und nun ist es vorbei. »Es ist mit mir zu Ende, ich sterbe.« Das war kein Verhaftetsein.

K: Nein, natürlich nicht. Die Konsequenz von Verhaftetsein ist schmerzlich, beängstigend, da ist ein Gefühl von Qual und Verlust.

MW: Ständige Unsicherheit und Angst.

K: Die Unsicherheit und alles übrige folgt auf dem Fuße; und das bezeichne ich mit Liebe. Ich sage, daß ich meine Frau liebe, und tief in meinem Innern weiß ich um all die Plackerei, die mit dieser Bindung einhergeht, aber ich kann sie nicht lassen.

MW: Aber Sie fühlen sich immer noch unglücklich, daß Ihre Frau traurig sein würde, wenn Sie sterben.

K: Oh ja, das gehört zum Spiel dazu. Das ist ein Teil der ganzen Angelegenheit. Sie wird es bald überwunden haben und einen anderen heiraten und macht weiter mit im Spiel.

MW: Ja, hoffentlich – aber man könnte sich Sorgen machen und die Trauer der anderen Menschen fürchten.

K: Ja, in der Tat.

MW: Wahrscheinlich würde es die Trauer der anderen verringern, wenn man den eigenen Tod akzeptiert.

K: Nein. Ist Trauer an Angst gebunden? Ich habe Angst vor dem Tod. Ich habe Angst davor, daß meine Karriere zu Ende geht. Alles, was ich sowohl im Äußeren als auch innerlich angesammelt habe, hört auf. Dann erfindet die Angst die Reinkarnation und das alles. Kann ich mich wirklich von der Angst vor dem Tod befreien? Das würde heißen: Kann ich mit dem Tod leben? Nicht daß ich mich umbringe, nein, ich lebe damit, bin fasziniert davon, das alles zu Ende geht, daß mein Verhaftetsein endet. Würde meine Frau das tolerieren, wenn ich zu ihr sagen würde: Ich bin nicht mehr an Dich gebunden? Die Folge wäre peinigend. Ich stelle diesen ganzen Bewußtseinsinhalt, der durch das Denken entstanden ist, in Frage. Das Denken beherrscht unser Leben, und ich frage mich, ob das Denken nicht seinen eigenen Platz haben kann und nur diesen Platz und sich nirgendwo anders einmischen darf. Wieso muß ich in meiner Beziehung zu meinem Freund meiner Frau oder meinem Mädchen denken? Warum sollte ich darüber nachdenken? Wenn jemand sagt: »Ich denke an Dich«, klingt das dumm.

MW: Nun, man muß oftmals aus rein praktischen Gründen an andere Leute denken.

K: Das ist etwas anderes. Ich sage jedoch, wo Liebe ist, warum sollte das Denken dabei sein? In der Beziehung ist das Denken zerstörerisch. Es bedeutet Verhaftetsein, es bedeutet Besitzen, es bedeutet, daß sich einer an den anderen anklammert, um beruhigt zu sein, um sicher zu sein, um geborgen zu sein. Und das alles ist keine Liebe.

MW: Nein, aber wie Sie schon sagten, die Liebe kann sich den Verstand zunutze machen, und dann entsteht Nachdenklichkeit in der Beziehung.

K: Das ist etwas anderes. Sehen Sie, wenn ich an meine Frau gebunden bin oder an meinen Mann oder an ein Möbelstück – dann liebe ich innerhalb dieses Verhaftetseins, und die Konsequenzen dessen sind unberechenbar schädlich. Kann ich meine Frau lieben, ohne ihr verhaftet zu sein? Wie wunderbar ist es doch, jemanden zu lieben und nichts von ihm zu wollen.

MW: Das ist wahre Freiheit.

K: Ja. Daher ist Liebe gleich Freiheit.

MW: Aber es scheint so, als würden Sie implizieren, wenn zwischen Mann und Frau wirklich Liebe herrscht und der eine stirbt, dann würde der andere nicht leiden. Ich denke, das stimmt vielleicht.

K: Ja, ich denke das stimmt.

MW: Man würde das Leid transzendieren.

K: Leid ist Denken, ist eine Emotion, Leid ist ein Schock. Leid ist ein Gefühl von Verlust, das Gefühl, jemanden zu verlieren und selber plötzlich ganz verlassen und einsam zu sein.

MW: Ja. Sie meinen, daß der Zustand der Einsamkeit gewissermaßen der Natur widerspricht, sozusagen.

K: Wenn es mir möglich wäre, das Wesen des Aufhörens zu verstehen, etwas endgültig zu beenden – mit meinem Ehrgeiz aufzuhören, mit meiner Angst, mit meinem Leid, die Vielfältigkeit meines Verlangens zu beenden. Damit aufzuhören, das ist die Bedeutung des Todes. Man muß jeden Tag mit allem aufhören, was man psychologisch angesammelt hat.

MW: Und jeder gibt zu, daß der Tod Freiheit ist.

K: Das ist wahre Freiheit.

MW: Es ist nicht schwer, das zu bejahen. Sie meinen, daß Sie diese letzte Freiheit in die Gesamtheit des eigenen Lebens einfügen wollen.

K: Ja. Sonst sind wir Sklaven, die auswählen müssen, Sklaven in jeder Hinsicht.

MW: Nicht die Herren der Zeit, sondern die Sklaven der Zeit.

K: Ja, Sklaven der Zeit.

New York, 24. April 1971
aus:
Awakening of Intelligence

Wir müssen unsere Beziehungen jeden Tag so sehen, wie sie tatsächlich sind; und indem wir beobachten, was sie sind, werden wir erkennen, wie wir diese Gegebenheiten verändern können. Also beschreiben wir jetzt, was tatsächlich ist. Jeder lebt in seiner eigenen Welt, in seiner Welt des Ehrgeizes, der Habgier, der Angst, mit dem Wunsch nach Erfolg und anderem mehr. Wenn ich verheiratet bin, trage ich Verantwortung, habe vielleicht Kinder, gehe ins Büro oder an meinen Arbeitsplatz – Mann und Frau, Junge und Mädchen kommen im Bett zusammen. Und das nennen wir Liebe – wir führen unser Leben getrennt voneinander, wir sind isoliert, errichten Mauern, um uns abzuschirmen, jagen einer egozentrischen Aktivität nach. Jeder sucht psychologische Sicherheit. Jeder ist abhängig vom anderen, sucht Trost und Abwechslung, ist abhängig von einem Gefährten. Weil jeder tief im Innern so einsam ist, verlangt jeder danach, geliebt zu werden, damit er sich geborgen fühlen kann, und jeder versucht, den anderen zu beherrschen. Sie können das an sich selber beobachten, falls Sie sich beobachten. Gibt es überhaupt irgendeine Beziehung? Es gibt keine Beziehung zwischen zwei Menschen. Obgleich sie vielleicht ein Haus besitzen und Kinder haben, stehen sie in Wirklichkeit gar nicht in Beziehung. Wenn sie gemeinsam etwas vorhaben, dann hält sie dieses Vorhaben zusammen, bindet sie an einander, aber das ist keine Beziehung.

Wenn man das alles erkennt, sieht man, daß durch diesen Mangel an Beziehung zwischen zwei Menschen die Korruption ihren Anfang nimmt – weniger in der äußeren Gesellschaftsstruktur, in dem äußeren Phänomen der Umweltverschmutzung, sondern mehr in der inneren Verunreinigung und Zerstörung. Die Menschen haben untereinander wirklich keine Beziehung – so wie Sie auch nicht. Sie können einander an der Hand halten, sich küssen, miteinander schlafen, aber wenn Sie sehr genau beobachten, – gibt es da überhaupt irgendeine Beziehung zueinander? Miteinander in Beziehung zu stehen, heißt nicht, von einander abhängig zu sein, heißt nicht, mittels eines anderen vor der eigenen Einsamkeit zu fliehen, heißt nicht zu versuchen, mittels eines anderen nach Trost und Kameradschaft zu suchen. Wenn Sie nach Trost durch einen anderen suchen, abhängig sind usw., kann es da irgendeine Beziehung geben? Ist es nicht so, daß Sie einander benutzen?

Wir sind jetzt nicht zynisch, sondern beobachten nur die Tatsachen. Das ist kein Zynismus. Wenn wir entdecken wollen, was es wirklich bedeutet, miteinander in Beziehung zu stehen, muß man diese Frage der Einsamkeit ergründen, weil die meisten von uns schrecklich einsam sind. Je älter wir sind, desto einsamer werden wir, besonders in diesem Land hier. Haben Sie beobachtet, wie alte Leute leben? Sehen Sie, womit sie sich zerstreuen, womit sie sich vergnügen? Sie haben ihr ganzes Leben lang gearbeitet, und nun wollen sie entfliehen, indem sie sich in irgendein Vergnügen stürzen.

Wenn wir das jetzt erkennen, können wir eine Lebensart finden, in der wir einander weder psychologisch noch emotionell benutzen, nicht von einander abhängig sind, nicht einander als Mittel zur Flucht vor unseren eigenen Qualen, unserer Verzweiflung, unser eigenen Einsamkeit benutzen?

Wenn wir das verstehen wollen, müssen wir verstehen, was es heißt, einsam zu sein. Sind Sie schon einmal einsam gewesen? Wissen Sie, was das bedeutet? Wenn Sie überhaupt keine Beziehung haben, völlig isoliert sind. Sie sind vielleicht bei ihrer Familie oder in einer Menschenmenge, im Büro, egal wo, wenn dieses Gefühl totaler Einsamkeit mit seiner Verzweiflung Sie plötzlich überfällt. Ihre Beziehung wird zu einem Fluchtmittel und führt daher ins Verderben, ins Elend, solange Sie das nicht ganz gelöst haben. Wie soll man nun diese Einsamkeit, dieses Gefühl totaler Isolation verstehen? Man muß das eigene Leben betrachten, wenn man das verstehen will. Ist denn nicht jede Ihrer Handlungen eine selbstsüchtige Handlung? Gelegentlich sind Sie vielleicht wohltätig, großzügig, tun irgend etwas, ohne ein Motiv zu haben – aber das sind Ausnahmen. Man kann diese Verzweiflung nicht beenden, indem man vor ihr flieht, sondern nur, indem man sie beobachtet.

Wir sind also zu der Frage zurückgekehrt, wie wir uns selber beobachten können, ohne daß es in dieser Beobachtung einen Konflikt gibt. Weil Konflikt gleich Korruption ist, eine Energieverschwendung darstellt. Das ist unser Lebenskampf vom Augenblick unserer Geburt an, bis wir sterben. Kann man denn leben, ohne einen einzigen Augenblick des Konflikts zu haben? Um das tun zu können, um das für uns selber zu entdecken, müssen wir lernen, wie wir unsere Eigenbewegung beobachten können. Wahre Beobachtung ist nur dann möglich, wenn der Beobachter abwesend ist und es nichts gibt außer der Beobachtung.

Kann Liebe da sein, wenn die Beziehung fehlt? Wir sprechen über Liebe, und was wir unter Liebe verstehen, hat mit Sex und Vergnügen zu tun, nicht wahr? Einige von Ihnen sagen »NEIN«. Wenn Sie das verneinen, müßten Sie ohne Ehrgeiz sein, nicht im Wettbewerb stehen, und sich nicht als »Du« und »Ich«, »wir« und »sie« von einander abgrenzen. Es darf keine nationalen Schranken geben, keine Glaubensschranken, keine Schranken, die durch Wissen entstehen. Erst dann können Sie behaupten, daß Sie lieben. Aber für die meisten Menschen ist die Liebe mit Sex und Vergnügen und dem ganzen Konflikt wie Eifersucht, Neid und Streit verbunden – Sie wissen, was zwischen Mann und Frau vor sich geht. Wenn diese Beziehung nicht wahrhaftig, wirklich, tief und vollkommen harmonisch ist, wie können Sie dann Frieden in der Welt finden? Wie können dann die Kriege aufhören?

Also ist Beziehung einer der wichtigsten oder vielmehr die wichtigste Sache im Leben. Das heißt, daß man verstehen muß, was Liebe ist. Gewiß begegnet man ihr auf seltsame Weise, ohne nach ihr zu fragen. Wenn Sie für sich selber entdecken, was Liebe nicht ist, dann wissen Sie, was Liebe ist. Nicht theoretisch, nicht verbal – aber wenn Sie tatsächlich erkennen, was sie nicht ist: nämlich, wenn man einen Verstand hat, der im Wettstreit steht, ehrgeizig ist, strebt, vergleicht, imitiert. So ein Bewußtsein kann unmöglich lieben.

Können Sie also ein Leben in dieser Welt führen und ganz ohne Ehrgeiz leben, ohne sich jemals mit irgend einem anderen zu vergleichen? Weil sich Konflikt einstellt, sobald Sie sich mit einem anderen vergleichen, – dann entstehen Neid, der Wunsch etwas zu erreichen, den anderen zu überflügeln.

Können Kopf und Herz, die sich an die Kränkungen, die Beleidigungen und an alles erinnern, was zu Insensibilität und Abgestumpftheit geführt hat – können so ein Kopf und Herz wissen, was Liebe ist? Und doch ist es das, wonach wir trachten – bewußt oder unbewußt. Unsere Götter sind die Folge unseres Vergnügens. Unser Glaube, unsere Gesellschaftsstruktur, die Moral unserer Gesellschaft – die im Grunde unmoralisch ist – ist die Folge unserer Jagd nach dem Vergnügen. Und wenn Sie sagen: »Ich liebe jemanden« – ist das Liebe? Das bedeutet doch, keine Trennung, kein Beherrschen, keine selbstsüchtige Aktivität. Wenn man entdecken will, was Liebe ist, muß man das alles verleugnen, verleugnen in dem Sinne, daß man erkannt hat, wie falsch das ist. Wenn Sie erst einmal etwas als falsch erkannt haben, das Sie als wahr, als natürlich, als menschlich akzeptiert hatten, dann können Sie niemals mehr zurückgehen. Wenn Sie eine gefährliche Schlange oder ein gefährliches Tier sehen, dann spielen Sie niemals damit, dann kommen Sie ihm nicht nahe. Ähnlich ist es, wenn Sie erst einmal sehen, daß Liebe nichts von alledem ist, und wenn Sie das fühlen, beobachten, es in sich bewegen, damit leben, sich dem ganz verschreiben, dann werden Sie wissen, was Liebe, was Mitgefühl ist, – mit allem mitfühlen.

Wir haben keine Leidenschaft. Wir kennen Lust, wir kennen Vergnügen. Das Wort Leidenschaft kommt von Leiden. Wir haben alle irgendwie schon mal gelitten, jemanden verloren, Selbstmitleid gefühlt, das persönliche wie das kollektive Leid der menschlichen Rasse. Wir wissen, was Leid bedeutet, jemanden durch den Tod zu verlieren, den man meinte, geliebt zu haben. Wenn Sie ganz bei diesem Leid, ohne den Versuch, es zu rationalisieren oder ihm in irgendeiner verbalen oder aktiven Form zu entfliehen, verbleiben, wenn Sie ganz ohne irgendeinen Gedankengang damit verbleiben, dann werden Sie entdecken, daß aus diesem Leid Leidenschaft erwächst. Diese Leidenschaft hat die Qualität der Liebe, und diese Liebe ist ohne Leid.

Können Sie entdecken, wie Sie jetzt, heute, ein Leben führen können, in dem immer alles gleich aufhört, was Sie angefangen haben? Natürlich nicht in Ihrem Büro! Aber in Ihrem Innern alle Kenntnisse auszulöschen, die Sie angesammelt haben. Mit Kenntnisse meinen wir Ihre Erfahrungen, Ihre Erinnerungen, Ihre Kränkungen, Ihre vergleichende Lebensweise, sich immer mit einem anderen vergleichen zu müssen. Damit tagtäglich aufzuhören, so daß Sie am nächsten Tag einen neuen und jungen Geist haben. So ein Geist ist immer unverwundbar, und das ist Unschuld.

Man muß selber entdecken, was es heißt zu sterben. Dann gibt es keine Angst, und deshalb ist jeder Tag ein neuer Tag – und ich meine das wirklich so, es ist möglich; so daß Ihr Geist und Ihre Augen das Leben ganz von Neuem erblicken. Das ist Ewigkeit. Das ist eine Fähigkeit des Geistes, der den zeitlosen Zustand erreicht hat, weil er weiß, was es heißt, täglich alles auszulöschen, was er während des Tages angesammelt hat. Ganz gewiß liegt darin Liebe. Die Liebe ist jeden Tag ganz neu, nicht aber das Vergnügen, Vergnügen hat Kontinuität. Die Liebe ist immer neu und verfügt daher über ihre eigene Ewigkeit. Will jemand eine Frage stellen?

Frage: Sie scheinen doch zu meinen, daß man miteinander teilen sollte. Aber gleichzeitig sagen Sie, daß zwei Liebende, oder Mann und Frau, ihre Liebe nicht auf gegenseitigen Trost aufbauen sollten. Ich kann darin nichts Schlechtes sehen, einander zu trösten. Das ist Anteilnahme.

Krishnamurti: Was teilen Sie? Was teilen wir jetzt? Wir haben über den Tod gesprochen, wir haben über die Liebe, über die Notwendigkeit einer totalen Revolution, über einen vollkommenen Wandel im Psychologischen gesprochen, darüber daß man nicht in alten vorgefertigten Mustern im Kampf, in Schmerz, Imitation, Konformität und allem übrigen leben sollte, mit dem der Mensch seit Jahrtausenden lebt und diese wunderbare, unordentliche Welt hervorgebracht hat! Wir haben über den Tod gesprochen. Wie teilen wir das miteinander? Wie teilen wir das, was wir davon wirklich verstanden haben, nicht die wörtliche Aussage, nicht die Beschreibung, nicht die Erklärung. Was heißt das: zu teilen, was man verstanden hat, die Wahrheit zu teilen, die sich mit dem Begreifen einstellt? Und was heißt überhaupt verstehen? Sie teilen mir etwas sehr Ernstes mit, das vital, relevant, wichtig ist, und ich höre wirklich zu, weil es für mich wichtig ist. Mein Kopf muß ganz still sein, nicht wahr, um mit aller Kraft zuhören zu können? Wenn ich schwatze, wenn ich woanders hinschaue, wenn ich das, was Sie sagen, mit dem vergleiche, was ich weiß, dann ist mein Kopf nicht still. Nur wenn mein Kopf still ist und ganz zuhört, kann man die Wahrheit dieser Sache verstehen. Wir teilen das miteinander, sonst ist es kein Teilen. Wir können nicht die Worte von etwas miteinander teilen, sondern nur seine Wahrheit. Sie und ich können nur dann die Wahrheit von etwas erkennen, wenn der Kopf ganz auf die Beobachtung eingestellt ist.

Sie sehen die Schönheit eines Sonnenuntergangs, die schönen Berge, die Schatten und das Mondlicht. Wie teilen Sie das mit einem Freund? Indem Sie ihm sagen: »Nun schau doch bloß den wunderbaren Berg an?« Vielleicht sagen Sie das, aber ist das Teilen? Wenn Sie wirklich etwas mit einem anderen teilen, dann heißt das, daß Sie dieselbe Intensität, zur selben Zeit auf derselben Ebene haben müssen. Sonst können Sie nicht teilen, nicht wahr? Sie müssen beide dasselbe Interesse auf derselben Ebene mit der gleichen Leidenschaft haben, – wie können Sie sonst etwas miteinander teilen? Sie können ein Stück Brot miteinander teilen, aber darüber sprechen wir jetzt hier nicht.

Um gemeinsam erkennen zu können, was es heißt zu teilen, müssen wir beide erkennen, was tatsächlich ist und nicht zustimmen oder ablehnen, nicht es gemäß meiner oder Ihrer Konditionierung übersetzen, sondern gemeinsam erkennen, was IST. Und um gemeinsam erkennen zu können, muß man frei zur Beobachtung, frei zum Zuhören sein. Das heißt, man darf kein Vorurteil haben. Erst mit dieser Eigenschaft von Liebe kommt es zum Teilen.

Frage: Wenn Sie von Beziehungen sprechen, dann sprechen Sie immer von Mann und Frau oder Mädchen und Junge. Gilt das alles, was Sie über Beziehungen sagen, auch für einen Mann mit einem Mann oder eine Frau mit einer Frau?

Krishnamurti: Homosexualität?

Frage: Ja, wenn Sie das so bezeichnen wollen.

Krishnamurti: Sehen Sie, wenn wir hier über Liebe reden, egal ob zwischen Mann und Mann oder Frau und Frau oder Mann und Frau, dann sprechen wir nicht über eine besondere Art von Beziehung, sondern wir sprechen über den ganzen Vorgang, das ganze Gefühl von Beziehung, nicht über eine Beziehung mit Einem oder Zweien. Wissen Sie nicht, was es heißt, mit der Welt in Beziehung zu sein, wenn Sie empfinden, daß Sie die Welt sind? Nicht als Idee, das ist schrecklich, sondern fühlen Sie nicht wirklich, daß Sie verantwortlich sind, daß Sie dieser Verantwortung verpflichtet sind? Und daß das die einzige Verpflichtung ist! Nicht daß Sie durch Bomben oder eine besondere Aktivität verpflichtet sind, sondern zu fühlen, daß Sie die Welt sind und die Welt Sie ist. Es wird keinen Frieden für die Menschen geben, wenn Sie sich nicht vollkommen, radikal verändern und eine Mutation in sich selber herbeiführen, egal was Sie im Äußeren auch versuchen mögen. Wenn Sie das in Ihrem Blut fühlen, dann werden Ihre Fragen zur Gegenwart vollen Bezug haben und in dieser Gegenwart einen Wandel herbeiführen und nicht in bezug auf irgendwelche spekulativen Ideale.

Brockwood Park, 30. August 1977

Krishnamurti: Warum fehlt in Ihrem täglichen Leben das Mitgefühl, obgleich Sie so viele Erfahrungen, soviel Wissen haben als Resultat des Zivilisationsprozesses? Wenn Sie herausfinden wollen, warum Sie keines haben, warum es weder in Herz und Kopf noch in der Weltanschauung der Menschen ist, fragen Sie da nicht auch: Lieben Sie überhaupt jemanden?

Frage: Ich frage mich, was bedeutet die Liebe überhaupt?

K: Bitte, mein Herr, ich frage in allem Respekt, ob Sie überhaupt irgend jemanden lieben? Sie mögen Ihren Hund lieben, aber der Hund ist Ihr Sklave. Abgesehen von Tieren, Häusern, Büchern, der Dichtung und der Liebe zum Land – lieben Sie irgend jemanden? Das heißt nämlich, daß man nichts dafür haben will, daß Sie von der Person, die Sie lieben, nichts verlangen, daß Sie überhaupt nicht abhängig von der Person sind. Denn wenn Sie abhängig sind, nehmen Angst, Eifersucht, Besorgnis, Haß und Wut ihren Anfang. Wenn Sie jemandem verhaftet sind – ist das Liebe? Entdecken Sie es! Und falls das keine Liebe ist – ich frage nur, ich sage nicht, daß sie es ist oder nicht ist – wie können Sie dann Mitgefühl haben? Wir verlangen nach etwas, das viel mehr ist als Liebe und empfinden noch nicht einmal die gewöhnliche Liebe für einen anderen Menschen.

Frage: Wie findet man diese Liebe?

Krishnamurti: Ich will diese Liebe nicht finden. Das Einzige, was ich will, ist, alles, was nicht Liebe ist, wegzulassen und so von Eifersucht und Verhaftetsein befreit zu werden.

Frage: Das heißt, daß wir nicht fragmentiert sein sollten.

Krishnamurti: Wissen Sie, das ist reine Theorie. Entdecken Sie, ob Sie jemanden lieben. Wie können Sie lieben, wenn Sie mit sich selbst beschäftigt sind, mit Ihren Problemen, mit Ihrem Ehrgeiz, mit Ihrer Jagd nach dem Erfolg, mit Ihrem Verlangen nach so vielem, bei dem Sie sich selber immer an die erste und den anderen an die zweite Stelle setzen? Oder den anderen an die erste und sich selber an die zweite Stelle setzen – das ist dasselbe.

Wir haben soviele Fragen gestellt. Können wir beisammen sitzen und uns damit befassen, ob wir uns vom Verhaftetsein befreien können, indem wir selbst nur verbal begreifen, daß die Liebe da nicht existieren kann, wo Eifersucht oder Verhaftetsein sind. Ich werde ein Selbstgespräch führen, nicht wahr, und Sie hören einfach zu?

Indem ich hier zuhöre, erkenne ich, daß ich nicht liebe. Das ist eine Tatsache. Ich werde mich nicht darüber hinwegtäuschen. ich werde meiner Ehefrau – oder einer Frau oder einem Mädchen oder einem Jungen – nicht vormachen, daß ich sie liebe. Nun, zunächst einmal weiß ich gar nicht, was Liebe ist. Aber ich weiß sehr wohl, daß ich eifersüchtig bin; ich weiß sehr wohl, daß ich jemandem ganz schrecklich verhaftet bin, und daß in diesem Verhaftetsein Angst, Eifersucht, Besorgnis und ein Gefühl von Abhängigkeit liegen. Ich bin nicht gerne abhängig, aber ich bin abhängig, weil ich einsam bin, und ich werde überall herumgestoßen – in der Gesellschaft, im Büro, in der Fabrik, und ich komme nach Hause und möchte mich wohl fühlen, ich möchte einen Gefährten, um vor mir selber zu fliehen. Also bin ich von der Person abhängig, ihm oder ihr verhaftet. Jetzt frage ich mich, wie ich mich aus der Verhaftung befreien kann, ohne zu wissen, was Liebe ist. Ich werde nicht vorgeben, daß ich Gott liebe, Jesus liebe, Krishna liebe. Diesen ganzen Unsinn lasse ich sein. Wie soll ich mich aus diesem Verhaftetsein befreien? Ich zitiere das hier nur als Beispiel.

Ich werde nicht davor davonlaufen. Ja? Ich weiß nicht, welches Ende es mit meiner Frau nehmen wird. Wenn ich mich wirklich von ihr gelöst habe, könnte sich meine Beziehung zu ihr verändern. Sie könnte mir verhaftet sein, und ich könnte vielleicht gar nicht ihr oder irgendeiner Frau verhaftet sein. Verstehen Sie? Es ist nicht so, daß ich mich von ihr lösen möchte und zu einer anderen Frau gehen will, das ist unsinnig. Was soll ich also machen? Ich werde nicht vor der Konsequenz davonlaufen, welche die völlige Freiheit von jeglicher Bindung mit sich bringt. Ich werde das untersuchen. Ich weiß zwar nicht, was Liebe ist, aber ich erkenne ganz genau, endgültig, zweifelsohne, daß Bindung an eine Person Angst, Besorgnis, Eifersucht, Besitzanspruch und anderes mehr mit sich bringt. Also frage ich mich, wie man von Bindung freiwerden kann. Ich will keine Methode. Ich will davon befreit werden, aber ich weiß nicht wie. Ich führe jetzt ein Selbstgespräch.

Also fange ich an zu forschen. Dann verfange ich mich in einem System. Ich lande bei einem Guru, der sagt: »Ich werde Dir helfen, Dich zu lösen, tue dies und das, übe dieses und jenes.« Ich will freiwerden, und ich akzeptiere, was der dumme Mann sagt, weil ich erkannt habe, wie wichtig die Freiheit ist und er mir verspricht, daß ich eine Belohnung bekomme, wenn ich das tue. Also will ich freiwerden, um eine Belohnung zu bekommen. Verstehen Sie? Ich suche eine Belohnung. Also erkenne ich, wie dumm ich bin: ich will Freiheit, und ich binde mich an eine Belohnung.

Ich bin stellvertretend für den Rest der Menschheit – und ich meine das wirklich – und deshalb rührt es mich zu Tränen, wenn ich ein Zwiegespräch mit mir selber führe. Es ist ein leidenschaftliches Anliegen für mich.

Ich will nicht gebunden sein und doch entdecke ich, daß ich dabei bin, mich an eine Idee zu klammern. Nämlich daß ich frei sein muß. Jemand hatte die Idee oder hat ein Buch geschrieben, und darin wird gesagt: »Mach' das so und dafür bekommst du das.« So wird die Belohnung zu meiner Bindung. Dann sage ich: »Sieh doch, was ich getan habe! Paß auf, geh nicht in die Falle! Ob es eine Frau oder eine Idee ist, es ist immer Verhaftetsein.« Ich habe gelernt, daß es immer noch Bindung ist, wenn man das eine gegen das andere eintauscht. Also bin ich jetzt sehr wachsam. Dann sage ich zu mir: »Gibt es einen Weg, oder was soll ich tun, um mich zu befreien? Was für ein Motiv habe ich? Warum will ich überhaupt von Bindung freiwerden? Weil sie schmerzlich ist? Weil ich einen Zustand erreichen möchte, wo es keine Bindung, keine Angst usw. gibt?« Bitte, folgen Sie meinem Selbstgespräch, weil ich für Sie stehe. Was für ein Motiv habe ich, daß ich freiwerden will? Plötzlich erkenne ich, daß ein Motiv ein Ziel setzt und dieses Ziel über meine Freiheit befehlen wird. Warum habe ich ein Motiv? Was ist ein Motiv? Ein Motiv ist eine Bewegung, eine Hoffnung, etwas zu erreichen. Also bin ich einem Motiv verhaftet. Das Motiv ist zu meiner Bindung geworden – nicht nur die Frau, die Zielvorstellung, sondern mein Motiv. Das muß ich haben. Also bewege ich mich immer im Bereich des Verhaftetseins. Ich bin an die Frau, an die Zukunft und an das Motiv gebunden. Also sage ich: »Oh, mein Gott, das ist eine enorm komplizierte Angelegenheit, ich habe nicht gewußt, daß dieses alles in dem Wunsch impliziert ist, frei zu sein.«

Jetzt sehe ich das so genau wie eine Landkarte, die Dörfer, die Nebenstraßen, die Hauptstraßen. Dann sage ich mir: »Ist es mir möglich, mich von meinem Motiv, an das ich gebunden bin, zu befreien, von der Frau zu befreien, der ich verhaftet bin und auch von der Belohnung zu befreien, von der ich denke, daß ich sie bekomme, wenn ich frei bin? Warum bin ich an das alles gekettet? Könnte es sein, daß ich mir selbst nicht genug bin? Könnte es sein, daß ich sehr einsam bin und diesem außergewöhnlichen Gefühl der Isolation entfliehen möchte und mich daher an etwas anklammere – an einen Mann, eine Frau, eine Idee, ein Motiv? Ist es so, daß ich einsam bin und vor diesem Gefühl immenser Isolation über die Bindung an einen anderen davonlaufe?«

Also interessiert mich die Sache mit der Bindung überhaupt nicht mehr. Ich bin jetzt daran interessiert zu verstehen, warum ich einsam bin, was mich dazu bringt, mich anzuklammern. Ich bin einsam, und diese Einsamkeit hat mich dazu gezwungen, vor ihr durch die Bindungen an jemanden oder etwas anderes zu fliehen. Solange ich einsam bleibe, ist alles dieses die Folge. Also muß ich untersuchen, warum ich einsam bin. Was bedeutet es, einsam zu sein? Wie entsteht Einsamkeit? Ist die Einsamkeit instinktiv, angeboren, ererbt – oder ist meine tägliche Aktivität die Ursache dafür?

Ich zweifle, weil ich nichts akzeptiere. Ich akzeptiere nicht, daß es Instinkt ist und ich somit sagen könnte, daß ich es nicht ändern kann. Ich akzeptiere nicht, daß es ererbt ist und ich deshalb keine

Schuld habe. Da ich nichts von alledem akzeptiere, frage ich: »Warum diese Einsamkeit?« Ich frage es und halte in dieser Frage inne, ohne den Versuch, eine Antwort zu finden. Ich frage mich, was ist die Ursache dieser Einsamkeit, und ich beobachte, ich versuche nicht, eine intellektuelle Antwort zu finden, ich sage der Einsamkeit nicht, was sie tun sollte oder was sie ist. Ich beobachte sie, damit sie es mir sagt.

Das ist die Wachsamkeit, in der sich die Einsamkeit von selbst enthüllt. Sie wird sich nicht enthüllen, wenn ich davonlaufe, wenn ich Angst habe, wenn ich mich dagegen wehre. So beobachte ich sie, so daß kein Gedanke dazwischen will. Denn dies ist für mich wichtiger als denken. Deshalb spielt das Denken überhaupt keine Rolle. Der Geist ist gefordert und muß antworten. Wenn man gefordert wird, steckt man in einer Krise. In einer Krise hat man seine ganze Energie zur Verfügung, und diese Energie bleibt, wenn sich nichts anderes einmischt. Dies ist eine Herausforderung, auf die man reagieren muß.

Frage: Wie können wir an dieser Energie festhalten? Wie können wir mit ihr umgehen?

Krishnamurti: Sie ist da. Sie haben die ganze Sache nicht mitbekommen. Sehen Sie, Ich fing mit einem Selbstgespräch an. Ich habe gefragt: »Was ist dieses seltsame Etwas, genannt Liebe?« Jeder spricht davon, schreibt darüber, es gibt diese romantischen Gedichte, Bilder und alles übrige, Sex und diesen ganzen Wirrwarr. Und ich frage, ob ich dieses Etwas, das man Liebe nennt, habe und ob es so etwas wie Liebe gibt. Ich erkenne, daß es dort, wo Eifersucht, Haß und Angst herrschen, keine Liebe gibt. Also beschäftige ich mich nicht mehr mit der Liebe, ich beschäftige mich nur noch mit »dem, was ist«, nämlich mit meiner Angst und meiner Bindung und warum ich mich anklammere. Ich sage, daß vielleicht einer der Gründe – nicht der einzige Grund – meine Einsamkeit, meine verzweifelte Isolation ist. Je älter ich werde, desto isolierter bin ich. Also beobachte ich das. Es ist eine Herausforderung, das zu entdecken, und weil es eine Herausforderung ist, habe ich alle Energie zur Verfügung, um darauf zu reagieren. Das ist einfach, nicht wahr? Wenn jemand in der Familie stirbt, ist das eine Herausforderung. Wenn es zu einer Katastrophe, zu einem Unfall kommt, ist das eine Herausforderung, und Sie haben die Energie, sich damit auseinanderzusetzen. Sie sagen nicht: »Woher bekommen Sie die Energie?« Wenn Ihr Haus brennt, haben Sie die Energie, sich hinaus zu bewegen. Sie haben ganz außerordentliche Energie. Sie lehnen sich nicht zurück und sagen: »Nun, ich muß diese Energie bekommen«, und warten dann ab. Dann würde das ganze Haus abbrennen.

Also gibt es da auch diese enorme Energie, um die Frage zu beantworten, warum es diese Einsamkeit gibt. Ich habe die Gedanken, die Annahmen oder Theorien von Vererbung oder Instinkt zurückgewiesen. Das sagt mir alles gar nichts. Es ist, »*was es ist*.« Also warum bin ich einsam – nicht ich – warum gibt es diese Einsamkeit, die jeder Mensch, wenn er sich überhaupt bewußt ist, oberflächlich oder ganz tief im Innern durchlebt? Warum entsteht sie überhaupt? Handelt der Verstand auf eine Weise, die sie dann auslöst? Verstehen Sie? Nachdem ich Theorien, Instinkte und die Vererbung verworfen habe, frage ich jetzt, ob es der Kopf ist, der das mit sich bringt?

Ist es der Verstand, der das bewirkt? Einsamkeit bedeutet totale Isolation. Ist der Verstand dafür verantwortlich? Der Geist ist zu einem Teil die Bewegung des Denkens. Ist es das Denken, das dies bewirkt? Ist es das Denken im Alltag, welches dieses Gefühl von Isolation erschafft, hervorruft? Isoliere ich mich dadurch, daß ich im Büro mehr werden will, leitender Angestellter werden will – oder Bischof oder Papst werden will? Der Verstand arbeitet die ganze Zeit daran, sich zu isolieren. Beobachten Sie das jetzt?

Frage: Ich denke, er isoliert sich dadurch, daß er so vollgestopft ist.

Krishnamurti: Ja.

Frage: Es ist eine Reaktion.

K: Ja, das stimmt genau. Ich will näher darauf eingehen. Ich erkenne, daß die Gedanken, der Verstand unentwegt daran arbeiten, sich selber zu erhöhen, größer zu werden und sich damit in die Isolation hineinarbeiten.

Dann entsteht das Problem: Warum tut der Verstand das? Ist es das Wesen des Denkprozesses, für sich selber zu arbeiten? Liegt es in seinem Wesen, diese Isolation zu bewirken? Ist es die Gesellschaft, die diese Isolation erschafft? Ist es die Erziehung, die in diese Isolation treibt? Tatsächlich ist es die Erziehung, die zu dieser Isolation hinführt. Sie bereitet uns auf eine bestimmte spezialisierte Karriere vor. Ich habe entdeckt, daß Denken eine Reaktion auf die Vergangenheit mit ihrem Wissen und ihren Erfahrungen und dem Gedächtnis ist, also weiß ich auch, daß das Denken begrenzt ist, daß das Denken zeitgebunden ist. Also ist es das Denken, das dieses bewirkt. Also interessiert mich nun, warum das Denken diese Auswirkung hat. Liegt es einfach in seiner Natur, daß es so ist?

Frage: Was wirklich im Innern geschieht, wird die ganze Zeit über versteckt, und deshalb muß das Denken irreführend sein, muß in die Isolation führen, weil niemand vom anderen weiß, was er fühlt, weil sich alle verstellen.

K: Das haben wir bereits besprochen. Wir kommen jetzt an den Punkt, an dem wir uns nicht mehr verstellen. Wir haben im Gespräch festgestellt, daß wir nicht wissen, was Liebe ist. Ich weiß, daß es eine gewisse Verstellung, eine gewisse Heuchelei gibt, wenn wir dieses Wort Liebe benutzen, man setzt sich eine Art Maske auf. Wir haben das alles besprochen. Wir sind jetzt an den Punkt gelangt, an dem wir fragen, warum das Denken, das ein Fragment ist, diese Isolation hervorruft, falls es das tut. Ich habe das in meinem Selbstgespräch entdeckt; denn ich habe erkannt, daß der Verstand begrenzt ist, daß das Denken zeitgebunden ist, daß also alles, was es tut, seine Grenzen haben muß und der Verstand in dieser Eingrenzung seine Sicherheit findet. Er findet Sicherheit in der Aussage: »Ich möchte in meinem Leben eine ganz bestimmte Karriere machen.« Er findet Sicherheit in der Aussage: »Ich bin ein Professor, und deshalb bin ich ganz abgesichert.« Und dort sind Sie für den Rest Ihres Lebens festgefahren. Darin liegt große psychologische wie auch echte, tatsächliche Sicherheit.

Das also geschieht durch den Verstand. Dann folgt das Problem: Kann der Verstand erkennen, daß er seine Grenzen hat und daher alles, was er macht, begrenzt und deshalb fragmentiert und somit isolierend sein wird? Wird das so sein, was immer er tut? Das ist ein sehr wichtiger Punkt: Kann der Verstand seine eigene Grenze erkennen oder sagt er sich: »Ich bin begrenzt«? Verstehen Sie den Unterschied? Wenn ich mein Verstand bin, sage ich, daß der Verstand seine Grenzen hat, oder erkennt der Verstand von sich aus, daß ich meine Grenze habe? Das sind zwei ganz verschiedene Möglichkeiten. Die eine ist eine Täuschung und bringt daher Konflikt mit sich. Wenn aber der Verstand von sich aus erkennt, – »ich habe meine Grenzen«, dann wird er sich über diese Begrenzung nicht hinausbewegen. Es ist sehr wichtig, daß man das versteht, weil es der Kern dieser Angelegenheit ist. Wir schwatzen dem Verstand auf, was er tun sollte. Das Denken hat das »Ich« erschaffen, und das »Ich« hat sich vom Denken abgetrennt und sagt, es wird dem Verstand sagen, was er tun sollte. Wenn aber der Verstand von sich aus erkennt, daß er seine Grenze hat, dann gibt es keinen Widerstand, keinen Konflikt, er sagt dann: »Das bin ich, da bin ich durch.«

In meinem Selbstgespräch frage ich mich, ob es der Verstand selber ist, der das erkennt, oder ob ich es bin, der ihm sagt, daß er begrenzt ist. Wenn ich ihm sage, daß er begrenzt ist, dann setze ich mich von seinen Begrenzungen ab und kämpfe darum, die Begrenzungen zu überwinden. Also gibt es Konflikt, und das ist Gewalt, und das ist keine Liebe. Erkennt also der Verstand selber, daß er begrenzt ist? Das muß ich entdecken. Das ist jetzt meine Herausforderung. Jetzt habe ich Energie, weil ich gefordert bin.

Sagen wir es anders. Erkennt das Bewußtsein seinen Inhalt? Erkennt das Bewußtsein, daß sein Inhalt es selber ist? Habe ich von einem anderen gehört: »Das Bewußtsein ist sein Inhalt, sein Inhalt bildet das Bewußtsein« und sage ich deshalb: »Ja, so ist es?« Oder erkennt das Bewußtsein – mein Bewußtsein, dieses Bewußtsein – seinen Inhalt und begreift, daß eben dieser Inhalt die Gesamtheit meines Bewußtseins ist? Erkennen Sie den Unterschied zwischen beiden? Das eine wird von mir aufgeschwatzt, wobei das »Ich« vom Denken erschaffen wurde, und wenn »ich« dem Denken etwas aufschwatze, entsteht Konflikt. Das ist wie eine tyrannische Regierung, die sich selber aufdrängt, – aber diese Regierung habe ich selber erschaffen.

Wir stellen jetzt die Frage, ob der Verstand seine eigene Winzigkeit, seine eigene Unscheinbarkeit, seine eigenen Schranken erkennt? Oder gibt er vor, etwas ganz Besonderes, Edles, Göttliches zu sein? Das ist Unsinn, weil der Verstand Gedächtnis und Erfahrung ist. In meinem Selbstgespräch muß in diesem Punkt Klarheit herrschen: Es gibt keinen äußeren Einfluß, der dem Verstand aufdrängt, daß er seine Grenzen hat. Und weil ihm nichts aufgedrängt wird, erkennt er selber, daß er begrenzt ist. Er erkennt, daß alles, was er tut – selbst seine Gottesanbetung – begrenzt, unecht, geringfügig ist, obgleich der Verstand in Europa wunderbare Kathedralen geschaffen hat.

In meinem Selbstgespräch ist es zu einer Entdeckung gekommen, daß nämlich die Einsamkeit vom Verstand erschaffen wird. Und der Verstand hat jetzt erkannt, daß er begrenzt ist und das Problem der Einsamkeit nicht lösen kann. Da er das Problem der Einsamkeit nicht lösen kann, gibt es dann überhaupt Einsamkeit? Dieses Gefühl von Einsamkeit entsteht durch das Denken. Der Verstand begreift, daß er begrenzt ist und diese Leere, diese Einsamkeit durch seine Beschränktheit, seine Grenzen, seine Fragmentierung und Teilung bewirkt. Wenn er das also erkennt, dann gibt es keine Einsamkeit.

Dann wird man frei vom Verhaftetsein. Ich habe nichts weiter getan außer aufzupassen, wie verhaftet ich bin und was das impliziert – Gier, Angst und Einsamkeit. Indem ich diese Spur verfolge, das betrachte, beobachte – nicht durch Analysieren, nicht durch Prüfung, sondern nur durch Hinschauen, Hinschauen und erneutes Hinschauen – kommt es zu der Entdeckung, daß das alles durch den Verstand entsteht. Weil Denken fragmentarisch ist, kommt es zu diesem Verhaftetsein. Sobald der Verstand das erkennt, hört das Verhaftetsein auf. Dazu bedarf es überhaupt keiner Anstrengung, denn sobald sich Anstrengung einmischt, ist man wieder verhaftet.

Wir haben festgestellt, daß es in der Liebe kein Verhaftetsein gibt, nur wenn die Liebe fehlt, ist man verhaftet. So wurde durch die Verneinung dessen, was nicht ist, der Hauptfaktor entfernt. Wissen Sie, was das für Ihren Alltag bedeutet: keine Erinnerung an das, was meine Frau, meine Freundin oder mein Nachbar zu mir gesagt hat, keine Erinnerung an irgendeine Kränkung, kein Festhalten an dem Bild, das ich von ihr habe. Ich war dem Bild verhaftet, das der Verstand sich von ihr gemacht hat – daß sie mich gekränkt, herumkommandiert, daß sie mich sexuell befriedigt hat, zehn verschiedene Dinge, und alle gehören dem gedanklichen Vorgang an, der sich dieses Bild von ihr macht. Und es ist dieses Bild, dem ich verhaftet war. Also ist mein Verhaftetsein vorüber.

Es gibt noch andere Faktoren: Angst, Vergnügen oder Behaglichkeit durch diese Person oder diese Idee. Muß ich nun das alles im Detail, Schritt für Schritt, durchgehen oder ist das alles vorbei? Muß ich nun die Angst und das Verlangen nach Behaglichkeit so untersuchen, wie ich das Verhaftetsein untersucht habe? Muß ich beobachten, warum ich Behaglichkeit suche? Liegt es daran, daß ich mir selbst nicht genüge, daß ich Trost brauche, daß ich einen bequemen Stuhl brauche, eine bequeme Frau oder einen bequemen Mann oder eine bequeme Idee? Ich denke, daß die meisten von uns wirklich eine angenehme, sichere Vorstellung haben möchten, die durch nichts erschüttert werden kann. Ich klammere mich schrecklich daran, und wenn irgend jemand sagt, das ist Unsinn, werde ich wütend, werde ich eifersüchtig, rege ich mich auf, weil derjenige mein Haus ins Wanken bringt. Ich erkenne, daß ich nicht alle diese verschiedenen Faktoren untersuchen muß. Wenn ich das auf einen Blick hin sehe, habe ich das eingefangen.

Also durch die Negierung dessen, was keine Liebe ist, ist das andere da. Ich muß nicht danach fragen, was Liebe ist. Ich muß ihr nicht hinterher laufen. Wenn ich ihr hinterher laufe, ist es nicht Liebe, dann ist es eine Belohnung. In meiner Untersuchung, die gemächlich, sorgfältig, unverzerrt und illusionslos ist, habe ich alles negiert, was sie nicht ist und dadurch ist dieses Andere.

Saanen, 18. Juli 1978

Bitte, wir befassen uns jetzt mit etwas, das vielleicht recht schwierig ist. Ich weiß nicht, wohin es uns führen wird. Es könnte etwas kompliziert werden, seien Sie also bitte aufmerksam.

Wissen Sie, wenn Sie ein kleines Kind haben, dann horchen Sie auf sein Weinen, hören seinen Worten, seinem Murmeln zu. Es interessiert Sie so, daß Sie hinhören. Vielleicht schlafen Sie gerade, aber wenn es schreit, wachen Sie auf. Sie passen so sehr auf, weil es Ihr Kind ist. Sie müssen für das Kind sorgen, es lieben, es im Arm halten. Sie sind so voll gespannter Wachsamkeit, daß es Sie aus dem Schlaf weckt. Können Sie nun mit der gleichen Aufmerksamkeit, Zuneigung, Sorgfalt, die Sie jeder Bewegung des Kindes schenken, in den Spiegel schauen, der Sie selber sind? Nicht ich bin darin, Sie hören nicht mir zu. Sie lauschen mit dieser so ungewöhnlich konzentrierten Zuneigung und Aufmerksamkeit in den Spiegel hinein, der Sie selber sind und hören auf das, was er Ihnen sagt. Werden Sie das machen?

Wir fragen jetzt, warum die Menschen so mechanisch geworden sind. Mechanische Gewohnheit schafft offensichtlich Unordnung, weil die Energie, die ständig in einer engen Abgrenzung wirkt, darum kämpft durchzubrechen, und das ist die Essenz des Konflikts. Verstehen Sie, was der Spiegel jetzt sagt? Nicht ich, es gibt hier keinen Sprecher. Können Sie mit Sorgfalt, Aufmerksamkeit, und einem Gefühl großer Zuneigung das beobachten, was Sie hören?

Wir sprechen jetzt über Unordnung. Wir leben in der Unordnung von Gewohnheiten, Schlußfolgerungen und Meinungen. Das ist die Schablone, nach der wir leben, die natürlich, da sie begrenzt ist, Unordnung hervorrufen muß. Wenn man nun in Unordnung lebt, ist es falsch, um Ordnung bemüht zu sein, weil der Geist, der verwirrt, der getrübt ist, in seiner Suche nach Ordnung auch verwirrt und unsicher sein wird. Das ist klar. Wenn Sie stattdessen die Unordnung untersuchen, wenn Sie die Unordnung, in der Sie leben, und die Ursachen, die sie aufrechterhält, verstehen, stellt sich Ordnung durch dieses Verstehen ganz natürlich ein, und das geschieht leicht, glücklich, zwanglos und unkontrolliert. Der Spiegel sagt Ihnen, daß Sie die Ursachen des Verlaufs der Unordnung und ihre Entstehung sofort – nicht verbal, intellektuell oder emotional – in sich selber entdecken können, wenn Sie so aufmerksam sind, wie Sie einem kleinen, wehrlosen Kind gegenüber sein würden. Das bedeutet, daß man Einsicht in Unordnung bekommt.

Was ist die Wurzel der Unordnung? Es gibt viele Ursachen der Unordnung: das Vergleichen, sich mit einem anderen vergleichen, sich damit vergleichen, was »sein sollte«, ein Vorbild, einen Heiligen nachahmen; sich anpassen, sich ausrichten nach etwas, vom den Sie denken, daß es jenseits dessen liegt, was ist. Es gibt einen fortwährenden Konflikt zwischen dem, »was ist« und dem, »was sein sollte«. Es wird die Eigenheit des Denkprozesses verglichen: ich war so, oder ich war glücklich und eines Tages werde ich wieder glücklich sein. Dieses dauernde Abmessen zwischen dem, »was war« oder »was ist« und dem, »was sein sollte«, dieses unentwegte Bewerten schafft erst den Konflikt. Hier liegt einer der fundamentalen Gründe für Unordnung.

Eine andere Ursache der Unordnung kommt aus der Vergangenheit. Ist nun die Liebe ein Vorgang, der mit der Zeit, dem Denken, der Erinnerung zu tun hat? Verstehen Sie die Frage, die Ihnen der Spiegel, in den Sie blicken, stellt? Schafft nicht das, was wir Liebe nennen, ganz besondere Unordnung in den menschlichen Beziehungen? Schauen Sie selber hin.

Was ist die Wurzel der Unordnung? Sie können die Ursachen sehen, und wir können weitere hinzufügen, doch das ist irrelevant. Analysieren Sie nicht, während Sie die Wurzel untersuchen. Schauen Sie nur. Wenn Sie schauen, ohne zu analysieren, stellt sich die Erkenntnis sofort ein. Wenn Sie sagen: »Ich werde es untersuchen, ich werde daraus folgern« oder sie von außen durch die Anführung von Beweisen und Folgerungen analysieren, so ist das immer noch ein Gedankenprozeß. Indessen, wenn Sie mit Sorgfalt und tiefer Aufmerksamkeit beobachten können, in der sehr viel Zartheit und Zuneigung eingeschlossen sind, dann gewinnen Sie Einsicht. Beginnen Sie, entdecken Sie das.

Wo liegt die Wurzel unserer Unordnung – unser inneren Unordnung und deshalb auch der äußeren Unordnung? Sie können sehen, in was für einer schrecklichen Unordnung sich die Welt befindet, eine quälende Unordnung. Die Menschen bringen sich gegenseitig um, Dissidenten werden inhaftiert und gefoltert. Das tolerieren wir alles, weil unsere Köpfe die Dinge akzeptieren oder versuchen, hier und da ein wenig zu verändern. Wenn Sie die Wurzel der Unordnung erkennen wollen, müssen Sie fragen: Was ist unser Bewußtsein? Während Sie sich in diesem Spiegel betrachten, der nichts verzerrt – was ist Ihr Bewußtsein? Es könnte die Essenz der Unordnung sein. Wir müssen zusammen untersuchen, was unser Bewußtsein ist.

Unser Bewußtsein ist etwas Lebendiges, etwas, das in Bewegung ist, es ist aktiv, nichts Statisches, sondern es verändert sich innerhalb einer engen, beschränkten Grenze. Es gleicht einem Menschen, der denkt, das er sich verändert, wenn er sich in einer Ecke ein wenig wandelt, aber den übrigen Bereich nicht umwandelt. Wir müssen das Wesen und den Aufbau des Bewußtseins verstehen. Wir tun das, um zu entdecken, ob das die Wurzel der Unordnung ist. Vielleicht ist es nicht so. Wir werden das herausfinden. Was ist unser Bewußtsein? Besteht es nicht aus allem, was Gedanken zusammengefügt haben: der Form, dem Körper, dem Namen, den Sinnen, mit denen sich das Denken identifiziert, dem Glauben, den Schmerzen, den Qualen, den Todesängsten, den Beschwerden, den Depressionen und den Seligkeiten, den Eifersüchten, den Sorgen, den Ängsten, dem Vergnügen, mein Land und dein Land, dem Glauben an Gott und keinem Glauben an Gott. Man sagt, Jesus ist der Bedeutendste, Krishna ist viel bedeutender und so geht es immer weiter. Zeichnet nicht das alles Ihr Bewußtsein auf? Sie können noch mehr hinzufügen: ich bin dunkelhäutig, ich wünschte, ich hätte eine hellere Haut, ich bin schwarz, aber schwarz ist schön und so weiter. Die Vergangenheit, das Erbe, die Mythologie, die ganze

Tradition der Menschheit basiert im Wesentlichen darauf. Das alles ist der Inhalt, und solange man des Bewußtseinsinhalts nicht gewahr ist, aber handelt, muß diese Handlung beschränkt sein und deshalb zu Unordnung führen. Bis nicht das Denken seinen rechten Platz gefunden hat, muß es in seiner Bewegung Unordnung schaffen. Wissen hat seine Grenzen und muß daher seinen angemessenen Platz erhalten. Das ist klar.

Das Denken, das aus zehntausend Millionen Gestern geboren wurde, ist begrenzt, und deshalb ist der Inhalt unseres Bewußtseins begrenzt. Wenn dieses Bewußtsein auch behauptet, daß es nicht begrenzt sei oder es ein höheres Bewußtsein gäbe, so ist es immer noch eine Form des Bewußtseins. Somit ist das Denken, das seinen rechten Platz noch nicht erkannt hat, die Essenz der Unordnung. Das ist nichts Romantisches, Vages oder Unsinniges. Sie können selber sehen, wenn Sie logisch, gesund, klar sind, daß das Denken, da es begrenzt ist, Unordnung schaffen muß. Ein Mensch, der sagt, »ich bin ein Jude«, oder »ich bin ein Araber«, ist begrenzt und schließt sich daher ab, leistet Widerstand, darum gibt es Kriege und das ganze Elend. Sehen Sie nun diese Tatsache wirklich? Nicht als Idee, nicht wie etwas, das Ihnen jemand erzählt, sondern sehen Sie sie so, wie Sie das Schreien des Babys hören? Dann handeln Sie, dann stehen Sie auf.

Ein Teil unserer mechanischen Lebensweise wird aus diesem begrenzten Bewußtsein geboren. Kann man es unterlassen, das Bewußtsein zu erweitern, auszudehnen, kann man darauf verzichten, noch mehr Wissen und Erfahrungen hinzuzufügen, sich von einer Ecke in die andere zu bewegen? Es gibt Schulen, die durch Übungen, Disziplin und Kontrolle versuchen, das Bewußtsein zu erweitern. Wenn Sie dies versuchen, so finden Sie eine innere Maßeinheit. Wenn Sie irgend etwas erweitern wollen, ein Haus mit einem kleinen in eines mit einem größeren Grundriß, so gibt es einen Mittelpunkt, von dem aus Sie vergrößern. Auf ähnliche Weise gibt es ein Zentrum, aus dem heraus Sie sich erweitern, und das bedeutet abmessen. Schauen Sie sich an. Versuchen Sie nicht, Ihr Bewußtsein zu erweitern? Vielleicht benutzen Sie nicht dieses Wort. Vielleicht sagen Sie: »Nun, ich versuche mich zu bessern« »Ich versuche, mehr zu diesem oder jenem zu werden oder etwas zu erreichen.« Solange es ein Zentrum gibt, aus dem heraus Sie handeln, muß es Unordnung geben.

Dann entsteht das Problem: Kann man auf natürliche und leichte Weise handeln und leben, und ist dieses möglich ohne ein Zentrum, ohne den Bewußtseinsinhalt? Wir stellen jetzt fundamentale Fragen. Vielleicht sind Sie daran nicht gewöhnt. Die meisten von uns stellen Fragen eher lässig oder indifferent und machen weiter. Aber wir stellen jetzt Fragen, die Sie beantworten, mit denen Sie sich befassen müssen, um die Antwort für sich selber zu finden: Kann man ohne das Zentrum handeln, seinen Alltag leben? Das Zentrum ist die Essenz der Unordnung. Wenn Sie in Ihrer Beziehung zu einem anderen, wie intim sie auch sein mag, immer nur an sich selber interessiert sind, Ihren Ehrgeiz, Ihre Persönlichkeit, Ihre Schönheit, Ihre Gewohnheiten im Auge haben und der andere dasselbe tut, kommt es ganz natürlich zum Konflikt und das ist Unordnung.

Ist es möglich, nicht aus dem Zentrum heraus zu agieren, aus dem Zentrum, das dieses Bewußtsein mit seinem Inhalt ist, mit all den Dingen, die das Denken zusammengefügt hat, mit seinen Sinneswahrnehmungen, mit seinen Begierden, mit seinen Ängsten und all dem anderen? Was wäre das für eine Handlung, in der es keinen Widerspruch gäbe, kein Bedauern, keine Belohnung und keine Strafe und die aus diesem Grund eine ganzheitliche Handlung wäre? Wir werden das entdecken. Es ist nicht so, daß ich es entdecke und Ihnen sagen werde, sondern wir werden es gemeinsam entdecken und daran denken, daß es hier keinen Sprecher gibt, sondern nur einen Spiegel, in den Sie schauen. Um das zu verstehen, müssen wir die Frage angehen, was Liebe ist. Denn wenn wir die Wahrheit entdecken können, was Liebe ist, könnte das dazu führen, daß das Zentrum ganz aufgelöst wird und eine holistische Handlungsweise entsteht. Also müssen wir uns damit sehr sorgfältig befassen – falls Sie gewillt sind zuzuhören. Sie haben Ihre Meinungen über die Liebe. Sie haben Ihre Schlußfolgerungen über die Liebe. Sie behaupten, daß es keine Liebe ohne Eifersucht gibt, daß es Liebe nur in Verbindung mit Sex gibt, daß Liebe nur dann wirklich ist, wenn Sie alle Ihre Nachbarn lieben oder die Tiere. Sie haben ein Konzept eine Idee oder Vorstellung in bezug auf die Liebe. Wenn das so ist, können Sie unmöglich forschen. Wenn Sie sagen: »Das ist so«, ist das schon das Ende. Das ähnelt einem dieser Gurus, die behaupten: »Ich weiß, ich habe die Erleuchtung erlangt«, und Sie folgen ihm, weil Sie leichtgläubig sind. Sie zweifeln ihn niemals an.

Hier gibt es keine Autorität, es gibt keinen Sprecher. Doch stellen wir eine sehr ernste Frage, die vielleicht den Konflikt löst, den andauernden Kampf zwischen einem selber und einem anderen beendet. Wenn wir das entdecken wollen, müssen wir sehr tief in die Frage eindringen, was Liebe ist. Wir sprechen jetzt darüber, was die Menschen Liebe nennen: die Liebe zu ihren Tieren, ihren Lieblingen, die Liebe zu ihrem Garten, die Liebe zu ihrem Haus, die Liebe zu ihren Möbeln, die Liebe zu ihrem Mädchen oder ihrem Jungen, die Liebe zu Ihren Göttern, die Liebe zu ihrem Land – dieses Etwas, Liebe genannt, das so beladen ist, auf dem so herumgetreten wird. Wir werden entdecken, was das ist.

Das Baby schreit, hören Sie also bitte zu. Sie wissen, wenn das Baby schreit, hören Sie ganz genau hin. Es gibt eine Kunst des Zuhörens. Das Wort Kunst bedeutet, alles an seinen rechten Platz zu legen. Wenn Sie die Bedeutung dieses Wortes verstehen, dann ist die wahre Kunst nicht die, Bilder zu malen, sondern jene, Ihr Leben an seinen rechten Platz zu bringen, was bedeutet, daß Sie harmonisch leben. Wenn Sie in sich selber alles an seinen rechten Platz gerückt haben, sind Sie frei. Es ist Teil der Intelligenz, alles an seinen rechten Platz zu rücken. Sie werden sagen, wir geben hier dem Wort Intelligenz eine neue Bedeutung. Das muß man. Intelligenz bedingt, daß man zwischen den Zeilen, zwischen den Worten liest, daß man im Stillschweigen und im Sprechen mit einem Geist lauscht, der immer bereit ist zuzuhören. Sie hören nicht nur mit dem Gehör, sondern auch ohne Gehör.

Wir fragen jetzt: Was ist die Bedeutung und die Schönheit der Liebe – falls sie schon ist. Haben Sie schon einmal überlegt, was Schönheit ist? Was heißt Schönheit? Ist sie mit Verlangen gekoppelt? Streiten Sie es nicht ab, sehen Sie hin, hören Sie gut zu, und entdecken Sie es. Ist Schönheit ein Teil des Verlangens? Ist Schönheit Teil der Sinne? Sie sehen ein wunderbares Bauwerk, den Parthenon oder eine der Kathedralen, herrliche Bauten. Ihre Sinne erwachen durch die Schönheit des Geschauten. Ist also Schönheit ein Teil davon? Liegt die Schönheit in der Farbe, der Form, in den Knochen des Gesichts, in der Klarheit der Augen, der Haut und der Haare, im Ausdruck einer Frau oder eines Mannes? Oder gibt es eine andere Eigenschaft der Schönheit, die vielleicht diese ganze Schönheit transzendiert? Und wenn diese Teil des Lebens ist, dann sind die Form, das Gesicht, dann ist alles an seinem rechten Platz? Wenn man das nicht begreift, wenn man das nicht versteht, wird das Äußere allein ausschlaggebend. Wir werden entdecken, was diese Schönheit ist, falls es Sie interessiert.

Wissen Sie, wenn Sie so etwas wie diesen herrlichen Berg vor dem blauen Himmel und den leuchtenden, hellen, klaren, reinen Schnee sehen, dann treibt diese Erhabenheit alle Ihre Gedanken, Ihre Sorgen, Ihre Probleme fort. Haben Sie das bemerkt? Sie sagen: »Wie schön ist das« – und vielleicht zwei Sekunden lang oder eine Minute lang sind Sie absolut still. Das Großartige schiebt unsere Geringfügigkeit für diese Sekunde beiseite. Also hat uns das Erhabene überwältigt. Wie ein Kind, das mit einem kniffligen Spielzeug eine Stunde lang beschäftigt ist; es wird nicht sprechen, es wird kein Geräusch machen, es ist vollkommen davon gefesselt. Das Spielzeug hat das Kind in Beschlag genommen. Genauso fesselt Sie der Berg, und deshalb sind Sie für diese Sekunde oder Minute ganz still, und das heißt, daß das Selbst abwesend ist. Wenn das Ich ganz abwesend ist, ohne von irgend etwas – einem Spielzeug, einem Berg, einem Gesicht oder einer Idee – abgelenkt zu werden, dann enthüllt sich das Wesen der Schönheit.

Wir werden entdecken, was Liebe ist. Wenn uns das gelingt, könnte sich unser Leben ganz verändern, wir könnten konfliktlos leben, ohne Kontrolle, ohne irgendeine Form von Bemühung. Wir werden das entdecken.

Außer der positiven Handlung gibt es noch eine Handlung, die gar keine Handlung ist. Eine Handlung, die als positiv angesehen wird, ist die, daß in Verbindung mit etwas anderem etwas getan wird: man kontrolliert, unterdrückt, strengt sich an, dominiert, vermeidet, erklärt, argumentiert und analysiert. Wir stellen jetzt fest, daß es eine Nicht-Handlung gibt, die in keiner Beziehung zur positiven Handlung steht und nicht ihr Gegenteil ist. Diese Nicht-Handlung wäre – zu beobachten, ohne zu handeln. Dann ruft gerade diese Beobachtung eine radikale Transformation in dem hervor, das beobachtet wird, und das ist Nicht-Handlung. Wir sind so an die positive Handlung gewöhnt: »ich muß«, »ich muß nicht«, »das ist recht«, »das ist falsch«, »das ist korrekt«, »das sollte so sein«, »das darf nicht sein«, »ich werde das unterdrücken«, »ich muß das beherrschen«, – das ist alles der Kampf mit dem Ich, welches das Wesen der Unordnung, das Wesen des Konflikts ist.

Wenn Sie das wirklich erkennen, nicht nur verbal, intellektuell oder optisch sehen, sondern wirklich die Wahrheit darin erkennen, dann kommt es zur Nicht-Handlung, bei der es keine Bemühung gibt. Es ist die reine Beobachtung, die das verwandelt, was beobachtet wird.

Wir fragen: Was ist Liebe? Wir haben festgestellt, daß wir viele Meinungen darüber haben, Meinungen von Spezialisten, Meinungen von Gurus, Meinungen von Priestern. Ihre Frau oder Ihr Mädchen sagen: »Das ist Liebe« oder Sie sagen »Das ist Liebe« oder Sie sagen, daß es mit Sex zu tun hat und so weiter. Ist es so? Hat Liebe mit den Sinnen zu tun? Das Verlangen entsteht durch die Sinne. Offensichtlich ist Verlangen ein sinnlicher Vorgang. Ich sehe etwas Schönes, das weckt die Sinne, ich will es. Sehen Sie selbst. Wir behaupten: Wenn alle Sinne gleichzeitig in Gang sind, nicht ein einzelner allein, dann gibt es kein Verlangen. Denken Sie darüber nach.

Ist Liebe ein sinnlicher Vorgang mit Verlangen? Um es anders auszudrücken: Ist Liebe Verlangen? Die Sinne sind sexuell dauernd in Aktion: die Erinnerung, die Bilder, die Vorstellungen und die Sinneswahrnehmungen. Dieser Vorgang wird als Liebe angesehen. Die Liebe, soweit man das beobachten kann, ist ein Teil des Begehrens. Langsam. Wir befassen uns damit. Ist Liebe Anhaften? Ich bin an mein Mädchen oder meinen Jungen gebunden. Ich besitze. Ist Bindung Liebe? Unser ganzes Leben gründet auf Bindungen. Man ist an Besitz gebunden, an eine Person gebunden, an einen Glauben gebunden, einem Dogma, Christus, Buddha verbunden. Ist das Liebe? Im Anhaften liegt Schmerz, Angst, Eifersucht und Besorgnis. Kann da die Liebe sein? Wenn Sie das beobachten und sich zutiefst und intensiv damit beschäftigen, um herauszufinden, was Liebe ist, dann wird Bindung unwichtig, hat keinen Wert, weil man sieht, daß Bindung keine Liebe ist. Sie ist auch nicht Verlangen, und sie ist nicht Erinnerung. Sie ist nicht Bindung. Es ist nicht so, daß ich Ihnen das erzähle und Sie es akzeptieren. Es ist so. Ist Liebe Vergnügen? Das heißt nicht, daß Sie nicht die Hand eines anderen halten können. Sehen Sie, Begehren ist die Folge von Sinneswahrnehmung, die Sinneswahrnehmung ist ans Denken gebunden, und das Denken ist an die Sinneswahrnehmung gebunden, und aus dieser Sinneswahrnehmung entspringt das Verlangen, und dieses Verlangen will sich erfüllen, und das nennen wir Liebe. Ist das Liebe? Ist Bindung Liebe? In der Bindung gibt es Konflikte und Ungewißheit, und je mehr Ungewißheit da ist, desto größer ist die Angst vor Einsamkeit, desto mehr verhaften Sie sich, besitzen Sie, dominieren, suchen Bestätigung, fordern Sie, und so kommt es zum Konflikt in der Beziehung. Und Sie denken, daß dieser Konflikt ein Teil der Liebe ist. Wir fragen jetzt: Ist das Liebe?

Ist Vergnügen Liebe? Vergnügen ist ein Erinnerungsvorgang. Behalten Sie den Satz nicht im Gedächtnis, hören Sie nur zu. Ich erinnere mich daran, wie nett und angenehm Du warst, wie zart, wie tröstlich, wie sexy, und ich sage: »Liebling, ich liebe Dich.« Ist das Liebe? Aber sollte man auf Vergnügen verzichten? Diese Fragen müssen Sie stellen. Sie müssen fragen und herausfinden. Bereitet es Ihnen kein Vergnügen, ins Wasser des Flusses zu schauen? Was ist mit diesem Vergnügen nicht in Ordnung? Bereitet es Ihnen kein Vergnügen, einen einsamen Baum auf dem Feld anzuschauen? Bereitet es Ihnen kein Vergnügen, den Mond über den Bergen anzuschauen, den Sie vielleicht letzte Nacht gesehen haben? Das war eine große Freude, nicht wahr? Was ist daran nicht in Ordnung? Aber schwierig wird es erst, wenn der Verstand sagt: »Wie schön ist das, das muß ich festhalten, ich muß mich daran erinnern, ich muß es anbeten, hoffentlich bekomme ich mehr davon.« Dann kommt der ganze Vergnügungsprozeß in Gang; und dieses Vergnügen bezeichnen wir mit Liebe.

Die Mutter mit ihrem Baby ist voller zärtlicher Zuneigung, dem Gefühl des Geborgenhaltens. Ist das Liebe? Oder ist diese Liebe Teil Ihres Erbes? Haben Sie die Affen gesehen, wie sie ihre Babys halten, oder den Elefanten, der sich unendlich für sein Junges sorgt? Es kann sein, daß wir diese instinktive Reaktion auf ein Baby ererbt haben – und dann »das ist mein Baby, es hat mein Blut, meine Knochen, mein Fleisch, ich liebe es«. Und wenn Sie Ihr Baby wirklich so sehr lieben, dann werden Sie darauf achten, daß es richtig erzogen wird, Sie werden darauf achten, daß es niemals gewaltsam wird, daß es niemals getötet wird oder einen anderen tötet. Sie sorgen sich nicht bloß um dieses kleine Baby, bis es fünf oder sechs ist und werfen es dann den Wölfen vor.

Ist das alles Liebe? Nun, die positive Handlung ist zu sagen: »Ich will keinen Sex mehr, ich will mich freimachen von Bindung, ich will ständig am Verhaftetsein arbeiten.« Während es die negative Handlung ist, das Ganze zu sehen und deshalb Einsicht zu erlangen. Dann werden Sie erkennen, daß Liebe nichts von alledem ist. Aber weil es Liebe gibt, wandelt sich alle Beziehung durch diese Liebe. Sie wissen doch, daß die Asketen, die Sannyasis in Indien, die Mönche in Europa und in aller Welt gesagt haben: »Kein Begehren, kein Sex, schaut keine schöne Frau an. Wenn Sie es doch tun, denken Sie, es wäre Ihre Schwester oder Ihre Mutter. Oder wenn Sie doch hinschauen, konzentrieren Sie sich auf das Göttliche.« Aber sie brennen innerlich. Nach außen hin verleugnen sie das, aber inwendig brennen sie; und das nennen sie ein frommes Leben, was bedeutet, daß sie ohne Liebe sind. Sie haben eine Vorstellung von dem, was Liebe ist. Aber die Vorstellung ist nicht Liebe. Die Vorstellung, das Wort ist nicht Liebe. Aber erst wenn Sie den ganzen Vorgang von Begehren, Bindung und Vergnügen erkannt haben, dann entsteht aus der Tiefe der Wahrnehmung diese seltsame Blume mit ihrem ungewöhnlichen Duft. Das ist Liebe.

Bombay, 31. Januar 1982

Was sind wir? Was sind wir – abgesehen vom Namen, von der Form, vielleicht vom Bankkonto (wenn Sie Glück haben), vielleicht von einer Fähigkeit, abgesehen davon, was sind wir? Leiden wir nicht? Oder gibt es kein Leid in Ihrem Leben? Gibt es Angst? Gibt es Sorgen, Habgier, Neid? Beten wir eine Vorstellung an, die der Verstand erschaffen hat? Klammern wir uns an ein Konzept, weil wir uns vor dem Tod fürchten? Leben wir nicht im Widerspruch, indem wir das eine sagen und das andere tun? Das alles sind wir. Unsere Gewohnheiten, unsere Nichtigkeiten, das endlose Geschwätz, das uns im Kopf herumgeht, macht das alles aus, was wir sind. Es ist der Inhalt des Bewußtseins, der das Bewußtsein bildet. Dieses Bewußtsein hat sich mit der Zeit, durch riesige Erfahrungen, Schmerzen und Leiden entwickelt.

Kann man sich davon befreien, von diesem großen Angstgefühl befreien? Denn solange die Angst besteht, gibt es keine Liebe. Wo fortwährend selbstsüchtige Aktivität herrscht, kann Sensibilität nicht existieren, und ohne Sensibilität gibt es keine Liebe. Und es gibt keine Liebe, wenn es keine Schönheit gibt. Schönheit gibt es nur im Erblühen der Tugend.

Wir wollen sehen, was Schönheit ist, nicht die Schönheit der Form, die angenehm ist, die Schönheit eines hübschen Baumes, die Schönheit eines grünen Feldes, die Schönheit eines Berges, seine Majestät vor dem blauen Himmel, die Schönheit eines Sonnenunterganges, die Schönheit einer einsamen Blume, die durch das Straßenpflaster wächst. Wir sind jetzt weder romantisch noch emotional, sondern wir untersuchen, was Schönheit ist. Verspüren Sie dieses Gefühl von Schönheit in Ihrem Leben oder ist es mittelmäßig, bedeutungslos, ein ewiger Kampf vom Morgen bis zum Abend? Was ist Schönheit? Das ist weder eine sinnliche noch eine sexuelle Frage. Es ist eine sehr ernste Frage, weil Sie ohne Schönheit im Herzen nicht tugendhaft werden können.

Haben Sie jemals einen Berg oder das blaue Meer betrachtet, ohne dabei zu schwatzen, ohne Geräusch zu machen, wirklich ihre ganze Aufmerksamkeit dem blauen Meer, der Schönheit des Wassers, der Schönheit des Lichtes auf der Wasserfläche geschenkt? Wenn Sie diese große Schönheit der Erde sehen mit ihren Flüssen, Seen, Bergen – was geschieht dann wirklich? Was geschieht, wenn Sie etwas betrachten, was Sie gesehen haben, das wirklich von vollendeter Schönheit ist – eine Statue, ein Gedicht, eine Lilie im Teich oder ein gepflegter Rasen? In dem Augenblick läßt Sie die Majestät des Berges sich selber vergessen. Waren Sie schon mal in dieser Situation? Wenn ja, dann haben Sie erkannt, daß Sie selber in diesem Augenblick nicht existieren, wenn jene Herrlichkeit da ist. Aber ein paar Sekunden oder eine Minute später geht der ganze Kreislauf – diese Verwirrung, das Geschwätz von vorne los. Also – wo Sie nicht sind, ist Schönheit. Es ist tragisch, wenn Sie das nicht verstehen. Wo Sie nicht sind, ist die Wahrheit. Schönheit und Liebe sind da, wo Sie nicht sind. Wir sind fähig, dieses Große, das man Wahrheit nennt, zu sehen.

Kann die Menschheit jemals das Leiden beenden – nicht nur das persönliche Leid, sondern das Leiden der Menschheit? Denken Sie doch an alle die Männer und Frauen, die man in eintausend Kriegen verstümmelt hat! In der Welt ist Schmerz, ein globaler Schmerz, und dann gibt es auch Ihren eigenen Schmerz – das ist beides nicht voneinander getrennt. Bitte sehen Sie sich das an. Ich leide vielleicht, weil mein Sohn tot ist. Ich bin mir auch bewußt, daß die Frau meines Nachbarn tot ist. Das ist überall in der Welt dasselbe. So geschieht es seit Jahrtausenden, seit abertausenden von Jahren, und wir waren bisher nicht fähig, das aufzulösen. Wir mögen davor fliehen, wir mögen Rituale und Zeremonien vollziehen, wir mögen alle Arten von Theorien erfinden, sagen, daß sei unser Karma, das käme aus der Vergangenheit, aber das Leid bleibt, nicht nur Ihres, sondern das der ganzen Menschheit. Kann dieses Leid jemals aufhören, oder gehört es zur Bedingung der Menschheit, daß das Leiden seit undenklichen Zeiten bis zum Ende der Zeit fortdauern muß? Falls Sie akzeptieren, daß das die Bedingung wäre – und ich hoffe, Sie tun das nicht – dann werden Sie endlos weiterleiden. Sie gewöhnen sich daran, wie es die meisten von uns tun. Aber falls Sie das nicht akzeptieren, in welcher Position sind Sie dann? Werden Sie sich Zeit lassen, das Leiden zu beenden? Sie sind die Vergangenheit, die Gegenwart und die Zukunft. Sie sind das. Sie sind die Herren der Zeit, und Sie können die Zeit verlängern oder verkürzen. Wenn Sie gewalttätig sind und sagen: »Ich werde gewaltlos werden«, dann ist das ein Verlängern der Zeit. Während dieses Zeitraumes sind Sie gewalttätig, und diese Art von Aktivität endet nicht. Wenn Sie erkennen, daß Sie der Herr der Zeit sind, daß die Zeit in Ihren Händen liegt, was ganz besonders wichtig ist, daß man das entdeckt, dann bedeutet das, daß Sie der Tatsache der Gewalt ins Auge sehen. Sie verfolgen dann nicht die Gewaltlosigkeit, sondern sehen der Tatsache der Gewalt ins Angesicht, und während dieser Beobachtung gibt es überhaupt keine Zeit, weil es in dieser Beobachtung weder den Beobachter noch die Aufspeicherung der Vergangenheit gibt. Da ist nur die reine Beobachtung. In dieser gibt es keine Zeit.

Handeln Sie entsprechend? Während der Sprecher darüber spricht, erkennen Sie wirklich die Wahrheit darin und handeln entsprechend? Angenommen ich habe eine bestimmte körperliche oder psychologische Angewohnheit. Kann diese Angewohnheit sofort aufhören, oder werde ich mir die Zeit nehmen, um damit aufzuhoren? Angenommen Sie rauchen: Können Sie mit dieser Angewohnheit sofort Schluß machen? Das körperliche Bedürfnis nach Nikotin ist etwas anderes als die Wahrnehmung, daß Sie der Herr der Zeit sind. Sie können die Zeit verkürzen, deshalb ist diese Wahrnehmung nicht der Entschluß, nicht mehr zu rauchen.

Sehen Sie – Leidenschaft stellt sich erst dann ein, wenn man das Leid beendet. Leidenschaft ist nicht dasselbe wie Lust. Lust ist sinnlich, sexuell, sie ist voller Begehren, Bildern, der Jagd nach dem Vergnügen und so weiter. Nicht so die Leidenschaft. Sie brauchen die Leidenschaft, um erschaffen zu können – keine Babys – um eine veränderte Welt erschaffen zu können, um andere Menschen in die Welt zu bringen, um die Gesellschaft, in der Sie leben, verändern zu können. Ohne diese große Leidenschaft wird man mittelmäßig, nachgiebig, unklar, fehlt es einem an Integrität.

Mein Sohn ist tot, und ich leide. Ich vergieße Tränen. Ich besuche alle Tempel dieser Welt. Ich hatte meine ganze Hoffnung in diesen Sohn gesetzt, und nun ist er dahingegangen. Ich wünsche mir, daß er irgendwo anders lebt, und ich hoffe, daß ich ihm irgendwo im nächsten Leben wieder begegnen werde oder irgendwo anders. Damit spielen wir dauernd. Das Leid ist sehr schmerzlich. Tränen, der Trost, den andere Menschen geben, und meine eigene Suche nach Trost, der mich den Schmerz vergessen läßt, vertreiben weder den Schmerz noch dieses enorme Gefühl von Einsamkeit. Kann ich das also ansehen, damit leben, in keiner Weise davor fliehen, ohne irgendeine Art rationale Erklärung für den Tod meines Sohnes zu suchen? Kann ich, ohne nach Reinkarnation oder etwas anderem zu suchen, ganz und gar bei diesem Gefühl von großem Schmerz bleiben? Was geschieht dann?

Ich hoffe, daß Sie das nun mit dem Sprecher vollziehen. Hören Sie nicht bloß zu. Man sagt Ihnen hier nicht, was Sie tun sollen. Das ist kein intellektuelles Spiel; das ist unser Leben, unsere alltägliche Existenz. Der Mensch, den Sie lieben, könnte fortgehen, und es gibt Eifersucht, Sorge und Haß. Das ist unser Leben, und wir leiden.

Wenn mein Sohn gestorben ist, ertrage ich den Gedanken nicht, daß er dahingegangen ist. Kann ich mit diesem Schmerz, mit diesem Schmerz der Einsamkeit, ohne eine Gefühlsregung, ohne irgendeine Emotion leben? Die meisten von uns wissen, was Einsamkeit ist; diese Einsamkeit, wenn sie von jeder Beziehung ganz abgeschnitten sind. Sie finden sich plötzlich unter vielen Menschen wieder, aber Sie sind absolut einsam und allein. Es ist Teil des Leidens, sich in so einem Zustand zu befinden. Wenn mein Sohn stirbt, bin ich einsam. Kann ich die Einsamkeit ansehen, die Einsamkeit ohne vergangene Erinnerungen ansehen und sie ohne den Beobachter beobachten? Darüber werden wir sprechen.

Wenn man wütend ist, gibt es in dem Augenblick der Wut, die eine Reaktion ist, weder den Beobachter noch das, was beobachtet wird. Haben Sie das bemerkt? Es gibt dann nur diese Reaktion, die man Wut nennt. Ein paar Minuten oder Sekunden später sagt der Beobachter: »Ich war wütend.« Also löst sich der Beobachter von der Wut und sagt dann: »Ich war wütend.« Aber der Beobachter ist dasselbe wie das, was er beobachtet. Die Wut ist mit mir identisch; ich bin die Wut. Ich bin Habgier. Ich bin Angst. Das bin ich alles. Aber der Verstand sagt: »Ich muß das beherrschen, ich muß der Angst entfliehen«, so erschafft sich also der Verstand den Beobachter, der sich von dem, was er beobachtet, unterscheidet, und in diesem Zustand gibt es Widerspruch. Denn es ist eine Tatsache, daß der Beobachter das ist, was er beobachtet. Die Wut – das sind Sie, die Wut ist nicht etwas anderes. Ich bin in einem ähnlichen Zustand, wenn ich meinen Sohn verloren habe, ich beobachte ohne irgendeinen gedanklichen Vorgang, und das bedeutet, daß ich diesem Etwas Schmerz, diesem Etwas, Einsamkeit genannt, welches solche Verzweiflung, solche neurotische Aktivität weckt, volle Aufmerksamkeit schenke. Kann ich mit diesem Gefühl intensiven Leidens, mit dem Schmerz und Schock ohne den Schatten eines gedanklichen Vorganges leben? Das bedeutet, daß man seine ganze Aufmerksamkeit schenkt. Sie können nicht voller Aufmerksamkeit sein, wenn Sie zu entfliehen versuchen, das ist Energieverschwendung. Wenn Sie aber Ihre ganze Aufmerksamkeit einsetzen, dann wird die gesamte Energie in einem einzigen Punkt, in dem Punkt gesammelt, den Sie mit Leid bezeichnen. Wenn Sie so handeln, verstehen Sie die ganze Bedeutung, die Tiefe und die Schönheit solch einer wichtigen Tatsache. Und dann endet das Leid. Wenn das Leid endet, stellt sich Leidenschaft ein; und mit dem Ende des Leidens stellt sich die Liebe ein.

Was ist Liebe? Haben Sie das schon einmal gefragt? Haben Sie schon jemals Ihren Mann oder Ihre Frau gefragt, was Liebe ist? Sie wagen es nicht! Liebe ich irgend jemanden? Wissen Sie, was das heißt? Ist Liebe Begehren? Ist Liebe Vergnügen? Ist Liebe Bindung? Bitte, überlegen Sie das alles. Ist Liebe Eifersucht? Oder ist Liebe jetzt zu einem sexuellen Akt geworden? Wir werden jetzt gemeinsam sehen, von welcher Beschaffenheit ein Geist oder Verstand sind, die lieben. Lieben Sie Ihre Kinder, oder empfinden Sie es als Ihre Pflicht, verantwortlich für sie zu sein? Haben Sie jemals überlegt, ob Sie Ihre Kinder lieben? Sie werden sagen »natürlich«, aber wir fragen das jetzt ganz ernsthaft. Wenn Sie Ihre Kinder lieben würden, möchten Sie dann, daß sie so sind wie Sie? Oder würden Sie es lieber sehen, wenn sie ganz anders als Sie wären? Wollen

Sie, daß sie Ihnen in Ihrem Gewerbe, in Ihrem Geschäft nachfolgen? Weil Sie ein Industrieller sind, wollen Sie, daß auch Ihr Sohn ein Industrieller wird? Oder haben Sie Interesse daran, daß er tugendhaft oder eine Zierde an Schönheit werden sollte? Oder bereiten Sie ihn auf einen Krieg vor, in dem er töten muß und getötet wird? Ist das alles Liebe? Ich weiß, daß Sie sagen werden: »Wir können nichts daran ändern, was wir sind. Wir können unseren Kindern nicht helfen. Wir schicken sie fort in die Schule und das ist eben das Ende.« Sie wollen nur, daß sie heiraten und in Mittelmäßigkeit seßhaft werden – so wie Sie seßhaft geworden sind – ohne Integrität, indem Sie das eine sagen und das andere tun, in den Tempel gehen und ein ausgezeichneter Anwalt sind. Das ist ein Widerspruch. Wollen Sie, daß Ihre Kinder so werden? Wenn Sie sie liebten, würden Sie das tun?

Gibt es irgendwo auf der Welt Liebe? Ist Liebe Eifersucht? Ist Liebe Bindung? Wenn ich an meine Frau gebunden bin, was für eine Tragödie ist das doch, nicht wahr? Was ist in dieser Bindung impliziert? Ist das Liebe? Wenn ich an sie gebunden bin, bin ich von ihr abhängig, sowohl körperlich als auch psychologisch. Sie hilft mir, ich helfe ihr. Ich habe Angst, daß sie mich verlassen könnte. Ich bin darum besorgt, daß sie mich nicht verläßt. Sie darf keinen anderen Mann anschauen, sie muß mir treu bleiben. Ich muß sie besitzen, sie beherrschen. Und sie will, daß man sie besitzt, daß man über sie dominiert. Ist das Liebe, in der Angst, Eifersucht, Haß und Qual herrschen? Ist das alles Liebe?

Es ist Liebe, wenn man alles, was nicht Liebe ist, negiert. Also negieren wir ganz und gar die Eifersucht, die Bindung, jede Form von Besitzanspruch. Aus dieser totalen Negation entsteht Liebe. Sie gelangen an das Positive durch die Negierung; und das positivste von allem ist die Liebe. Eines der seltsamen Dinge in der Liebe ist, daß Sie nichts falsch machen können, falls Sie lieben. Wenn Liebe da ist, ist eine Handlung unter allen Umständen richtig. Wenn Liebe da ist, ist auch Mitgefühl da. Mitgefühl bedeutet Leidenschaft für alle. Mitgefühl kann nicht bestehen, wenn Sie irgendeiner Sekte, irgendeiner Gruppe oder einer organisierten Religion angehören. Mitgefühl stellt sich nur in der Freiheit von dem allen ein; und dieses Mitgefühl birgt seine eigene, große, unbegrenzte Intelligenz. Wenn Liebe da ist, ist auch die Schönheit da. Liebe und

Mitgefühl mit ihrer Intelligenz sind die endlose Wahrheit. Es gibt keinen Pfad, der zu dieser Wahrheit führt – nicht Karma-Yoga, Bhakti-Yoga oder was immer – es gibt keinen Pfad zur Wahrheit. Erst wenn dieses immense Gefühl von Mitgefühl da ist, das mit dem Ende des Leidens kommt, dann ist das, was ist, die Wahrheit.

Mit jungen Menschen in Indien: aus:
Life Ahead

Wir wollen eine Weile über die Liebe sprechen; wir wollen entdekken, ob sich hinter diesem Wort und diesem Gefühl, das uns so sehr wichtig ist, jenes Element von Angst und Sorge, dieses Etwas, verbirgt, das die Erwachsenen als Einsamkeit kennen.

Wißt Ihr, was Liebe ist? Liebt Ihr Euren Vater, Eure Mutter, Euren Bruder, Euren Lehrer, Euren Freund? Wißt Ihr, was es heißt zu lieben? Wenn Ihr sagt, daß Ihr Eure Eltern liebt, was heißt das? Daß Ihr Euch bei ihnen sicher fühlt, daß Ihr Euch bei ihnen daheim fühlt. Eure Eltern beschützen Euch, sie geben Euch Geld, Wohnung, Essen und Kleidung, und Ihr habt das Gefühl einer engen Beziehung, nicht wahr? Ihr glaubt auch, daß Ihr ihnen vertrauen könnt – oder vielleicht nicht. Wahrscheinlich sprecht ihr mit ihnen nicht so locker und vergnügt, wie Ihr das mit Euren eigenen Freunden tut. Aber Ihr respektiert sie, Ihr laßt Euch von ihnen leiten, Ihr gehorcht ihnen, Ihr fühlt eine gewisse Verantwortung ihnen gegenüber, meint, daß Ihr sie unterstützen müßt, wenn sie alt sind. Sie wiederum lieben Euch, wollen Euch beschützen, Euch führen, Euch helfen. Wenigstens behaupten sie das. Sie wollen Euch verheiraten, damit Ihr ein sogenanntes moralisches Leben führt und von Schwierigkeiten verschont bleibt, daß Ihr einen Ehemann habt, der sich um Euch kümmert, oder eine Ehefrau, die für Euch kocht und Eure Kinder zur Welt bringt. Das alles nennt man Liebe, nicht wahr?

Wir können nicht sofort sagen, was Liebe ist, weil sich Liebe nicht so leicht mit Worten erklären läßt. Sie kommt nicht so leicht zu uns. Doch ist ein Leben ohne Liebe sehr öde. Ohne die Liebe ist alles sinnlos: die Bäume, die Vögel, das Lächeln von Männern und Frauen, die Brücke über den Fluß, die Bootsleute und die Tiere. Ohne Liebe ist das Leben wie ein seichter Tümpel. Ein tiefer Fluß ist voller Reichtum, und viele Fische können darin leben, aber der seichte Tümpel wird schnell von der heißen Sonne ausgedörrt, und es bleibt außer Morast und Schmutz nichts zurück.

Für die meisten von uns ist Liebe etwas, das sehr schwer zu begreifen ist, weil unser Leben sehr oberflächlich ist. Wir wollen geliebt werden, und wir wollen auch lieben, und hinter diesem Wort verbirgt sich Angst. Ist es also nicht sehr wichtig, daß jeder von uns entdeckt, was diese große Sache wirklich ist? Doch wir können es nur dann entdecken, wenn wir gewahrwerden, wie wir andere Menschen ansehen, wie wir die Bäume, die Tiere, einen Fremden, einen Hungernden anschauen. Wir müssen gewahrwerden, was wir von unseren Freunden halten, was wir von unserem Guru halten, falls wir einen haben, und was wir von unseren Eltern halten.

Wenn Ihr sagt: »Ich liebe meinen Vater und meine Mutter, ich liebe meinen Tutor, meinen Lehrer«, was heißt das? Ist es Liebe, wenn Ihr jemanden sehr respektiert und zu ihm aufschaut, wenn Ihr glaubt, es wäre Eure Pflicht, ihnen zu gehorchen und sie von Euch Gehorsam erwarten? Ist Liebe ängstlich? Gewiß, wenn Ihr zu jemandem aufschaut, dann seht Ihr auch auf jemanden herab. Und ist das Liebe? Gibt es in der Liebe irgendein Gefühl von Aufschauen oder Herabschauen, irgendeinen Zwang, jemandem zu gehorchen?

Wenn Ihr sagt, daß ihr jemanden liebt, hängt Ihr da nicht innerlich von der Person ab? Wenn Ihr Kind seid, hängt Ihr natürlich von Eurem Vater, Eurer Mutter, Eurem Lehrer, Eurem Tutor ab. Man muß sich um Euch kümmern, man muß Euch Essen, Kleidung und Obdach geben. Ihr braucht das Gefühl von Sicherheit, das Gefühl, das sich jemand um Euch kümmert. Aber was passiert im allgemeinen? Dieses Gefühl von Abhängigkeit setzt sich fort, während wir älter werden. Habt Ihr das nicht bei den älteren Leuten, bei Euren Eltern und Lehrern bemerkt? Sehr Ihr nicht, wie sie emotional von ihren Frauen und Männern, von ihren Kindern oder ihren eigenen

Eltern abhängig sind? Die meisten Leute klammern sich an jemanden, wenn sie erwachsen werden, sie bleiben abhängig. Sie fühlen sich einsam, wenn sie niemanden haben, an den sie sich anlehnen können, der ihnen das Gefühl von Behaglichkeit und Sicherheit gibt. Sie fühlen sich verloren. Diese Abhängigkeit von einem anderen nennt man Liebe. Wenn Ihr aber sehr genau hinschaut, werdet Ihr sehen, daß Abhängigkeit Angst ist und nicht Liebe.

Die meisten Menschen haben Angst davor, allein zu sein. Sie fürchten sich davor, selber nachzudenken, fürchten sich davor, den Sinn des Lebens zu erforschen und zu entdecken. Deshalb sagen sie, daß sie Gott lieben und verlassen sich auf das, was sie Gott nennen; doch ist das nicht Gott, das Unbekannte, es ist etwas, das sich der Kopf ausgedacht hat.

So machen wir es auch mit einem Ideal oder einem Glauben. Ich glaube an etwas, oder ich halte an einem Ideal fest, und das beruhigt mich sehr. Sobald aber das Ideal oder das, was mir Beruhigung verschafft, weggenommen wird, bin ich verloren. So geht es auch mit einem Guru. Ich bin abhängig von ihm, weil ich etwas zu bekommen hoffe, also ist da auch der Angstschmerz. Und es ist dasselbe, wenn Ihr von Euren Eltern oder Lehrern abhängt. Solange Ihr jung seid, ist das nur natürlich und recht, wenn Ihr das tut, wenn Ihr aber abhängig bleibt, nachdem Ihr bereits erwachsen seid, dann wird Euch das unfähig machen, selbständig zu denken, frei zu sein. Wo Abhängigkeit ist, ist auch Angst, und wo Angst ist, da ist Autorität, da fehlt die Liebe. Wenn Eure Eltern sagen, daß Ihr gehorchen müßt, daß Ihr bestimmten Traditionen folgen müßt, daß Ihr nur einen bestimmten Job, nur eine bestimmte Arbeit annehmen dürft, – da fehlt die Liebe. Und in Euren Herzen gibt es keine Liebe, wenn Ihr Euch auf die Gesellschaft in dem Sinne verlaßt, daß Ihr das gesellschaftliche Gerüst akzeptiert – so wie es ist und ohne zu fragen.

Ehrgeizige Männer und Frauen wissen nicht, was Liebe ist, und wir werden von ehrgeizigen Menschen beherrscht. Das ist der Grund, weshalb es in der Welt kein Glück gibt, und deshalb ist es so wichtig, daß Ihr, wenn Ihr erwachsen werdet, das alles sehen und verstehen sollt und selber entdecken müßt, ob man herausfinden kann, was Liebe ist. Vielleicht werdet Ihr eines Tages eine gute Position, ein sehr schönes Haus, einen wunderbaren Garten und Kleider haben. Vielleicht werdet Ihr Premier-Minister. Aber ohne Liebe sind alle diese Dinge sinnlos.

Also müßt Ihr damit beginnen, jetzt zu entdecken – und nicht darauf warten, bis Ihr alt seid, denn dann entdeckt Ihr es bestimmt niemals – was Ihr in Wirklichkeit in Euren Beziehungen zu Euren Eltern, zu Euren Lehrern, zu Eurem Guru empfindet. Ihr könnt nicht einfach das Wort Liebe oder irgendein anderes Wort akzeptieren, sondern Ihr müßt hinter den Wortsinn gehen, um zu entdekken, was die Realität ist. Die Realität nämlich ist das, was Ihr wirklich empfindet, nicht was man von Euch erwartet, daß Ihr empfinden sollt. Wenn Ihr wirklich eifersüchtig oder wütend seid, ist es bloß Wunschdenken, wenn Ihr Euch sagt: »Ich darf nicht eifersüchtig sein, ich darf nicht wütend sein,« dieser Wunsch hat überhaupt keine Realität. Worauf es ankommt ist, daß man ehrlich und klar erkennt, was man in dem Augenblick fühlt, ohne das Ideal anzubringen, wie Ihr empfinden solltet oder in der Zukunft empfinden werdet; denn nur so könnt Ihr etwas daran ändern. Aber es ist sinnlos zu sagen: »Ich muß meine Eltern lieben, ich muß meine Lehrer lieben.« Weil Eure wahren Gefühle ganz anders sind und die Worte zu einem Schirm werden, hinter dem Ihr Euch versteckt.

Ist es also nicht ein Zeichen von Intelligenz, hinter den akzeptierten Wortsinn zu blicken? Worte wie Pflicht, Verantwortung, Gott und Liebe haben eine traditionelle Bedeutung bekommen. Aber ein intelligenter Mensch, eine Person, die eine echte Erziehung genossen hat, blickt hinter den traditionellen Wortsinn. Wenn Euch zum Beispiel jemand sagte, daß er nicht an Gott glaubt, wäret Ihr schockiert, nicht wahr? Ihr würdet sagen: »Du meine Güte, wie schrecklich«, weil Ihr an Gott glaubt – wenigstens denkt Ihr, daß Ihr es tut. Aber Glaube oder Unglaube sind ziemlich bedeutungslos. Was für Euch wichtig ist, ist hinter das Wort Liebe zu gehen, um zu erkennen, ob Ihr Eure Eltern wirklich liebt und ob Eure Eltern Euch wirklich lieben. Ganz gewiß wäre die Welt eine ganz andere, wenn Ihr und Eure Eltern Euch wirklich lieben würdet. Es gäbe dann keine Kriege, keinen Hunger, keine Klassenunterschiede. Es gäbe keine Reichen und keine Armen. Seht mal, wir versuchen, die Gesellschaft ohne Liebe ökonomisch zu reformieren, aber solange wir in unseren Herzen keine Liebe tragen, können wir keine gesellschaftliche Struktur erbauen, die frei von Konflikt und Elend ist.

Deshalb müssen wir uns mit diesen Dingen sehr sorgfältig befassen und vielleicht entdecken wir dann, was Liebe ist.

Frage: Warum gibt es Leid und Elend in der Welt?

Krishnamurti: Ich frage mich, ob der Junge weiß, was diese Worte bedeuten? Wahrscheinlich hat er einen überladenen Esel gesehen, dem die Beine fast brachen oder einen anderen Jungen, der weinte, oder eine Mutter, die ihr Kind schlug. Vielleicht hat er ältere Leute beim Streiten beobachtet. Dann tritt der Tod in Erscheinung, und der Leichnam wird zur Verbrennung fortgetragen; dann gibt es den Bettler, Armut, Krankheit und das Alter. Es gibt das Leid und nicht nur äußeres, sondern auch Leid in uns selber. Also fragt er: »Warum gibt es Leid?« Wollt Ihr es nicht auch wissen? Habt Ihr Euch niemals nach dem Grund Eures eigenen Schmerzes gefragt? Was ist Leid, und warum gibt es das? Wenn ich etwas haben möchte und es nicht bekommen kann, fühle ich mich elend. Wenn ich mehr Saris, mehr Geld haben möchte oder wenn ich hübscher sein möchte und nicht bekommen kann, was ich will, bin ich unglücklich. Wenn ich einen bestimmten Menschen lieben möchte und diese Person erwidert meine Liebe nicht, fühle ich mich auch wieder unglücklich. Mein Vater stirbt, und ich fühle Schmerz, warum? Warum sind wir unglücklich, wenn wir nicht bekommen können, was wir wollen? Warum sollten wir unbedingt bekommen, was wir möchten? Wir denken, das wäre unser Recht, nicht wahr? Aber fragen wir uns jemals, warum wir bekommen sollten, was wir wollen, wenn Millionen nicht einmal das Notwendigste haben? Und nebenbei, warum wollen wir es? Wir brauchen Nahrung, Kleidung und Wohnung, aber wir sind damit nicht zufrieden. Wir wollen viel mehr. Wir wollen Erfolg, wir wollen Achtung, wir wollen, daß man uns liebt, zu uns aufschaut, wir wollen Macht, wir wollen berühmte Dichter, Heilige oder Redner werden, wir wollen Premier-Minister oder Präsident werden. Warum? Habt Ihr Euch damit schon jemals befaßt? Warum wollen wir das alles? Nicht daß wir uns mit dem bescheiden müssen, was wir sind. Das meine ich nicht. Das wäre häßlich und dumm. Aber woher kommt dieses dauernde Begehren nach mehr und mehr und noch mehr? Dieses Begehren zeigt, daß wir unbefriedigt, unzufrieden sind, aber womit? Mit dem, was wir sind? Ich bin so, ich mag das nicht und ich will das werden. Ich denke, daß ich in einem neuen Mantel oder Sari viel hübscher aussehen werde, deshalb will ich ihn. Das heißt, daß ich mit dem, was ich bin, unzufrieden bin und ich denke, daß ich meiner Unzufriedenheit entgehen kann, indem ich mehr Kleider, mehr Macht und so weiter erwerbe. Aber die Unzufriedenheit bleibt weiter bestehen, nicht wahr? Ich habe sie nur mit Kleidern, mit Macht, mit Autos zugedeckt. Wir müssen also entdecken, wie wir begreifen können, was wir sind. Es ist sinnlos uns bloß mit Besitz, mit Macht und Position zuzudecken, weil wir doch unglücklich bleiben. Wenn er dieses erkennt, hört der unglückliche, der leidende Mensch auf, zu Gurus zu laufen, er versteckt sich nicht mehr hinter Besitz und Macht; im Gegenteil – er will wissen, was hinter seinem Leid steckt. Wenn Ihr hinter Euren eigenen Schmerz seht, werdet Ihr entdecken, daß Ihr sehr klein, leer, begrenzt seid und darum kämpft, etwas zu erreichen, etwas zu werden. Dieser Kampf, etwas zu erreichen, etwas zu werden, ist die Ursache des Leids. Aber wenn Ihr zu begreifen beginnt, was Ihr in Wirklichkeit seid, immer tiefer in diese Frage eindringt, dann werdet Ihr entdecken, daß etwas ganz anderes geschieht.

F: Wenn ein Mensch verhungert und ich glaube, ihm helfen zu können, ist das dann Ehrgeiz oder Liebe?

K: Das hängt ganz von Deinem Motiv ab, mit dem Du ihm hilfst. Indem er sagt, er ist dafür, daß man hilft, kommt der Politiker nach New Delhi, wohnt in einem großen Haus und gibt an. Ist das Liebe? Versteht Ihr – ist das Liebe?

F: Ist es keine Liebe, wenn ich seinen Hunger mit meiner Hilfsbereitschaft lindere?

K: Er verhungert, und Du hilfst ihm mit Essen. Ist das Liebe? Warum willst Du ihm helfen? Hast Du außer dem Wunsch zu helfen kein Motiv, keinen Ansporn? Ziehst Du keinen Vorteil daraus? Denke darüber nach, sage nicht ja oder nein. Du liebst ihn nicht, wenn Du Dir irgendeinen politischen oder anderen Vorteil, innerlich oder äußerlich, davon erwartest. Wenn Du ihm zu essen gibst, damit Du an Popularität gewinnst oder in der Hoffnung, daß Dir Deine Freunde helfen werden, nach New Delhi zu kommen, dann ist das keine Liebe, nicht wahr? Aber wenn Du ihn liebst, wirst Du ihm ohne Hintergedanken zu essen geben, ohne daß Du irgend etwas dafür zurückhaben möchtest. Wenn Du ihm zu essen gibst und er undankbar ist, bist Du dann verletzt? Wenn ja, dann liebst Du ihn nicht. Wenn er Dir und den Dorfbewohnern erzählt, daß Du ein wunderbarer Mann bist und Du Dich geschmeichelt fühlst, dann bedeutet das, daß Du an Dich selber denkst. Und das ist gewiß keine Liebe. Man muß also sehr wach sein, um herauszufinden, ob man aus der eigenen Hilfsbereitschaft irgendeinen Vorteil erlangt und welches Motiv einen dazu bringt, den Hungernden Nahrung zu verschaffen.

Saanen, 18. Juli 1968
aus:
Reden und Diskussionen in Saanen 1968

Wenn wir erforschen wollen, was eigentlich Vergnügen ist, müssen wir zuerst verstehen, was Liebe ist, und wenn wir das verstehen, müssen wir auch entdecken, was Schönheit ist. Es sind also drei Dinge hierin eingeschlossen: Vergnügen, Schönheit, über die wir viel reden und viele Ansichten haben, und Liebe, dieses Wort, das so verdorben worden ist. Wir wollen uns damit Schritt für Schritt befassen, eifrig und doch vorsichtig, weil diese drei Faktoren einen so großen menschlichen Bereich einnehmen. Um zu irgendeinem Schluß zu kommen, so daß man sagen kann »das ist Vergnügen«, oder »man darf kein Vergnügen haben«, oder »das ist Liebe«, ist es unablässig, daß man ganz klar nicht nur versteht, sondern auch fühlt, was Schönheit, Liebe und Vergnügen sind. Wir müssen also, wenn wir überhaupt ein wenig weise sind, jegliches Schema, jeden Rückschluß, jede definitive Ansicht in bezug auf dieses tiefgehende Thema vermeiden. Es ist weder eine Sache des Verstandes noch eine der Definition von Worten oder irgend eines vagen, mystischen oder parapsychologischen Gefühls, wenn man mit der tiefen Wahrheit dieser drei Dinge in Berührung kommen will.

Das Vergnügen und sein Ausdruck sind für die meisten von uns sehr wichtig. Die meisten unserer moralischen Werte gründen auf dem größten oder dem sofortigen Vergnügen. Unsere erbbedingten und psychologischen Trends und unsere körperlichen und neurologischen Reaktionen gründen auf Vergnügen. Wenn Sie nicht nur die äußeren Werte und Beurteilungen der Gesellschaft untersuchen, sondern auch in sich selber nachforschen, werden Sie sehen, daß das hauptsächliche Streben in unserem Leben dem Vergnügen und seiner Wertschätzung gilt. Vielleicht widerstehen wir, vielleicht opfern wir oder verneinen, aber am Ende steht immer dieses Gefühl, daß man Vergnügen hat, Befriedigung, Zufriedenheit gewinnt, zufrieden, befriedigt ist. Selbstausdruck und Selbsterfüllung sind Formen des Vergnügens, und wenn dieses Vergnügen versagt, gehemmt wird, entsteht Angst, und aus dieser Angst erwächst Aggression.

Bitte, beobachten Sie das in sich selber. Sie hören jetzt nicht nur einer Menge Worte oder Ideen zu, die sind bedeutungslos. Sie können in einem Buch eine psychologische Erklärung nachlesen, die keinen Wert haben wird. Aber wenn wir gemeinsam Schritt für Schritt forschen, werden Sie selber erkennen, was an Ungewöhnlichem dabei herauskommt.

Denken Sie daran, daß wir hier nicht sagen, daß wir kein Vergnügen haben sollen, daß Vergnügen falsch ist, wie es die verschiedenen religiösen Gruppen in aller Welt behaupten. Wir sagen hier nicht, daß Sie es unterdrücken sollen, es verneinen, beherrschen, auf eine höhere Ebene verlagern und lauter solche Sachen. Wir untersuchen hier nur; und wenn es uns gelingt, ganz objektiv, eingehend zu untersuchen, dann entsteht daraus eine veränderte geistige Haltung, die Freude birgt, aber kein Vergnügen. Freude ist etwas ganz anderes.

Wir wissen, was Vergnügen ist – einen herrlichen Berg, einen schönen Baum, das Licht auf einer vom Wind über den Himmel getriebenen Wolke, die Schönheit des Flusses mit seinem reinen schnell fließenden Wasser anzuschauen. Es liegt viel Vergnügen darin, das alles zu beobachten oder auch darin, das schöne Gesicht einer Frau, eines Mannes oder eines Kindes zu sehen. Wir kennen alle das Vergnügen, das über die Berührung, den Geschmack, das Sehen und Hören kommt. Wenn dieses intensive Vergnügen durch das Denken anhält, dann kommt es zu einer Gegenwirkung, die aus Aggression, Repressalien, Wut und Haß besteht. Diese erwachsen aus dem Gefühl, daß man dieses Vergnügen, hinter dem man her ist, nicht bekommt, und das führt zu Angst, was recht einfach zu ersehen ist, wenn man das beobachtet. Jede Art von Erfahrung wird durch das Denken in Gang gehalten – das Vergnügen einer gestrigen Erfahrung, egal was es war, ob sinnlich, sexuell oder visuell. Der Verstand denkt darüber nach, brütet über dem Vergnügen, wiederholt es, indem er eine Vorstellung oder ein Bild erschafft, das es in Gang hält, es nährt. Der Verstand unterstützt das Vergnügen von Gestern, setzt es im Heute und Morgen fort. Sehen Sie das doch! Und wenn das Vergnügen, das der Verstand in Gang hält, versagt wird, weil es durch die Umstände, durch verschiedene Formen von Behinderungen eingeschränkt wird, dann ist der Verstand in Rebellion, kehrt seine Energie in Aggression, in Haß, in Gewalt um, was wieder eine andere Form von Vergnügen ist.

Die meisten von uns suchen Vergnügen durch Selbstverwirklichung. Wir wollen uns selber verwirklichen, ob nun in kleinen oder großen Dingen. Der Künstler will sich auf der Leinwand verwirklichen, der Autor in Büchern, der Musiker, indem er ein Instrument spielt und so weiter. Ist diese Selbstverwirklichung, aus der man einen enormen Anteil an Vergnügen bezieht, Schönheit? Wenn ein Künstler sich selber verwirklicht, bezieht er daraus Vergnügen und intensive Befriedigung. Ist das Schönheit? Oder wenn er das, was er fühlt, nicht ganz auf der Leinwand oder in Worten vermitteln kann, ist er dann unzufrieden, was eine andere Form von Vergnügen ist?

Ist also Schönheit Vergnügen? Vermittelt Selbstverwirklichung in irgendeiner Form Schönheit? Ist Liebe Vergnügen? Die Liebe ist jetzt fast synonym mit Sex und sexuellem Ausdruck geworden und allem, was damit zu tun hat – Selbstvergessenheit. Ist es Liebe, wenn der Verstand aus irgend etwas intensives Vergnügen bezieht? Bei Verweigerung verwandelt es sich in Eifersucht, Wut und Haß. Herrschsucht, Besitzanspruch, Abhängigkeit und damit auch Angst folgen auf das Vergnügen. Man fragt sich also, ob Liebe Vergnügen ist? Ist Liebe Begehren in allen seinen subtilen Formen – nach Sex, nach Partnerschaft, nach Zärtlichkeit, nach Selbstvergessenheit? Ist das alles Liebe, und wenn nicht, was ist dann Liebe?

Wenn Sie Ihren eigenen Geist an der Arbeit beobachten, wenn Sie der Aktivität des Gehirns gewahr sind, werden Sie erkennen, daß von alters her, vom Anfang an, der Mensch dem Vergnügen nachjagt. Wenn Sie das Tier beobachten, sehen Sie, wie außergewöhnlich wichtig das Vergnügen und die Jagd nach dem Vergnügen sind und die Aggression, wenn dieses Vergnügen verwehrt wird. Darauf sind wir aufgebaut. Auf diesem wesentlichen Prinzip des Vergnügens und seinem Selbstausdruck gründen unsere Urteile, unsere Werte, unsere sozialen Bedürfnisse, unsere Beziehungen und alles andere. Wenn uns dieses verwehrt wird, wenn es kontrolliert, verdreht, verhütet wird, dann kommt es zur Wut, dann entsteht Aggression, die eine andere Form des Vergnügens ist.

In welcher Beziehung steht Vergnügen zur Liebe? Oder hat das Vergnügen überhaupt keine Beziehung zur Liebe? Ist Liebe etwas ganz anderes? Ist Liebe etwas, das weder von der Gesellschaft noch von der Religion als profan oder göttlich eingestuftwird? Wie werden Sie das herausfinden? Wie werden Sie das selber herausfinden, ohne es von einem anderen gesagt zu bekommen? Wenn Ihnen jemand sagt, was es ist und Sie bestätigen: »Ja, das stimmt«, dann gehört es ihnen nicht, es ist nicht etwas, das Sie selber entdeckt und empfunden haben.

In welcher Beziehung steht das Vergnügen des Selbst-Ausdrucks zu Schönheit und Liebe? Ein Wissenschaftler, ein Philosoph, ein Technologe muß die Wahrheit der Dinge kennen. Ist die Wahrheit für einen Menschen, der sich um den Alltag, um das Verdienen des Lebensunterhaltes für die Familie und diese Dinge kümmert, etwas Statisches? Oder ist sie etwas, das niemals gleichbleibend, niemals dauerhaft, sondern etwas, das immer in Bewegung ist, so wie Sie es entdecken, indem sie fortschreiten? Die Wahrheit ist keine intellektuelle Erscheinungsform, sie ist weder eine emotionale noch eine sentimentale Angelegenheit. Wir müssen die Wahrheit über das Vergnügen, die Wahrheit über die Schönheit und die Wirklichkeit dessen, was Liebe ist, entdecken.

Man hat die Qual der Liebe, die Abhängigkeit von ihr, die Angst vor ihr, die Einsamkeit des Nicht-geliebt-werdens erkannt, wie auch die Suche nach ihr in jeder Art von Beziehung. Aber man hat sie niemals zur vollkommenen eigenen Zufriedenheit gefunden. Also fragt man, ist Liebe Befriedigung und gleichzeitig eine Qual, die von Eifersucht, Neid, Haß, Wut, Abhängigkeit eingezäunt ist?

Wenn im Herzen die Schönheit fehlt, gehen wir in die Museen und in Konzerte. Wir bewundern die Schönheit eines griechischen Tempels mit seinen herrlichen Säulen, seine Ausmaße vor dem

Hintergrund des blauen Himmels. Wir sprechen endlos über Schönheit, und wir verlieren ganz den Kontakt zur Natur als moderne Menschen, die mehr und mehr in Städten leben. Es gibt Gesellschaften, die gegründet wurden, um Vögel, Bäume und Flüsse zu beobachten, als ob man durch Gründung von Gesellschaften zur Baumbetrachtung in Berührung mit der Natur und in engen Kontakt mit ihrer gewaltigen Schönheit kommen könnte! Nur weil wir den Kontakt mit der Natur verloren haben, nehmen Malerei, Museen und Konzerte so einen wichtigen Platz ein.

Da ist eine Leere, ein Gefühl von innerer Öde, die immer nach Selbst-Ausdruck und Vergnügen sucht und dadurch die Angst ausbrütet, das nicht so zu bekommen, und so kommt es zu Widerstand und Aggression. Wir machen weiter damit, die innere Leere, die Nichtigkeit und das Gefühl völliger Isolation und Einsamkeit zu füllen – ich bin sicher, daß Sie das fühlen – sie mit Büchern, mit Wissen, mit Beziehungen, mit jeder trickreichen Art zu füllen. Aber am Ende bleibt doch diese unfüllbare Leere. Dann wenden wir uns Gott, dem letzten Zufluchtsort zu. Ist Liebe, ist Schönheit möglich, wenn es zu dieser Leere und diesem Gefühl von einer tiefen, unfaßbaren Öde kommt? Wenn man dieser Leere gewahr wird und ihr nicht entflieht, was soll man dann machen? Wir versuchen seit jeher, sie mit Göttern, mit Wissen, mit Erfahrungen, mit Musik, mit Bildern, mit enormer technologischer Information aufzufüllen. Damit sind wir Tag und Nacht beschäftigt. Man erkennt erst dann, wie ungeheuer wichtig das ist, wenn man sieht, daß diese Leere von niemandem und nichts gefüllt werden kann. Wenn Sie es mit dem, was man Beziehung nennt, oder mit einem Bild erfüllen, dann entsteht daraus eine Abhängigkeit, und aus dieser erwächst die Angst vor dem Verlust, dieser folgt dann aggressiver Besitzanspruch, Eifersucht und alles andere. Also fragt man sich: Kann diese Leere jemals mit irgend etwas gefüllt werden, mit sozialem Engagement, guten Taten oder dem Eintritt in ein Kloster, um zu meditieren, sich zur Gewahrsamkeit zu trainieren – was so absurd ist. Falls man die Leere nicht füllen kann, was soll man dann machen? Verstehen Sie, wie wichtig diese Frage ist? Man versucht, sie mit dem, was wir mit Vergnügen bezeichnen, mit Selbst-Ausdruck, mit der Suche nach der Wahrheit, nach Gott zu füllen, und man erkennt, daß nichts sie jemals zu füllen vermag – weder das Bild, das man von sich selber hat, noch das Bild oder eine Ideologie, die man sich über die Welt macht – nichts. So benutzt man die Schönheit, die Liebe und das Vergnügen, um die Leere zu verhüllen, und wenn man aufhört, davor zu fliehen und mit ihr lebt, was soll man dann machen?

Was ist diese Einsamkeit, dieses Gefühl von tiefer innerlicher Leere? Was ist das, und wie entsteht es? Existiert es deshalb, weil wir sie zu füllen versuchen oder davor fliehen wollen? Existiert es, weil wir Angst davor haben? Ist es bloß eine Vorstellung von Leere, und ist der Kopf aus diesem Grund niemals in Kontakt mit dem, was in Wirklichkeit ist, hat er gar keine direkte Beziehung dazu? Ich entdecke diese Leere in mir selber und unterlasse es zu fliehen; denn das ist ganz offensichtlich eine unreife Handlung. Ich bin ihrer gewahr, sie ist da und nichts kann sie füllen. Jetzt frage ich mich: Wie ist sie entstanden? Hat meine ganze Lebensweise, meine täglichen Aktivitäten, meine Vermutungen und so weiter dazu geführt? Kommt es daher, daß das Selbst, das Ich, das Ego, oder welches Wort man auch verwenden mag, sich durch seine ganzen Aktivitäten selber isoliert? Das Wesen des »Ich«, des »Selbst«, des »Egos« ist Isolation, es ist trennend. Es sind alle diese Aktivitäten, die in diesen isolierten Zustand geführt haben, in diesen Zustand in mir selber. Also ist dieser Zustand ein Resultat, eine Konsequenz und nichts Innewohnendes. Ich erkenne, daß solange meine Aktivität egoistisch ist und dem Selbst-Ausdruck dient, diese Leere bestehen bleiben muß, und ich erkenne, daß ich jede Anstrengung unternehme, um diese Leere zu füllen, was wieder ich-bezogen ist, und das vergrößert und vertieft die Leere. Ist es möglich, daß man über diesen Zustand hinauskommt? Nicht durch Flucht, nicht indem man sagt: »Ich will nicht mehr egoistisch sein.« Wenn man sagt: »Ich will nicht egoistisch sein«, ist man es ja bereits. Wenn man den Willen einsetzt, um die Aktivitäten des Selbst zu verleugnen, dann ist gerade dieser Wille der Isolationsfaktor.

Jahrhunderte über Jahrhunderte ist man geistig dazu konditioniert worden, nach Sicherheit und Geborgenheit zu verlangen. Das hat zum Aufbau dieser körperlichen und psychologischen egozentrischen Aktivität geführt; und diese Aktivität durchzieht das alltägliche Dasein – meine Familie, mein Job, mein Besitz. Das bringt diese Leere, die Isolation hervor. Wie soll diese Aktivität aufhören?

Kann sie jemals aufhören? Oder muß man sie ganz ignorieren und eine völlig neue Eigenschaft einbringen?

Also erkenne ich diese Leere, erkenne, wie sie entstanden ist. Ich bin mir bewußt, daß der Wille oder irgendeine andere angewandte Handlung, die den Schöpfer dieser Leere vertreiben soll, nur eine andere Form der egoistischen Aktivität wäre. Das sehe ich alles ganz klar und objektiv und erkenne plötzlich, daß ich gar nichts in dieser Hinsicht machen kann. Vorher, da habe ich etwas damit gemacht; ich floh, ich versuchte sie zu füllen, ich versuchte, das zu verstehen, mich damit zu befassen, aber das sind alles nur andere Formen der Isolation. Ich erkenne also plötzlich, daß ich gar nichts machen kann, daß je mehr ich versuche, etwas daran zu ändern, ich nur noch mehr Mauern der Isolation aufbaue und errichte. Es ist der Kopf, der erkennt, daß er nichts daran ändern kann, daß der Verstand das nicht begreift, weil der Gedanke, sobald er es berührt, gleich wieder Leere schafft. Indem ich also sorgfältig und objektiv beobachte, erkenne ich den gesamten Prozeß – und diese Erkenntnis reicht aus. Sehen Sie, was geschehen ist. Vorher habe ich meine Energie eingesetzt, bin überall herumgeirrt, und jetzt erkenne ich, wie absurd das ist. Der Kopf erkennt ganz genau, wie absurd es ist. Also verschwende ich jetzt keine Energie mehr daran. Der Verstand wird ruhig; der Kopf wird ganz still, er hat diese ganze Landkarte gesehen, und deshalb herrscht Stille. In dieser Stille gibt es keine Einsamkeit. Wenn diese Stille herrscht, diese vollkommene Stille im Kopf eingetreten ist, sind Schönheit und Liebe da, die sich ausdrücken oder auch nicht ausdrücken können.

Haben wir diese Reise gemeinsam gemacht? Worüber wir hier sprechen, ist eines der schwierigsten und gefährlichsten Dinge überhaupt, weil – falls Sie irgendwie neurotisch sind, was die meisten von uns sind – es dann sehr kompliziert und häßlich wird. Es ist ein sehr vielschichtiges Problem, das aber, wenn Sie es anschauen, sehr sehr einfach wird, und gerade seine Schlichtheit verführt Sie dazu zu denken, daß Sie es begriffen haben. Also gibt es nur die reine Freude, die jenseits von Vergnügen ist; da ist Schönheit, die nicht Ausdruck eines gerissenen Kopfes ist, sondern jene Schönheit, von der man erst erfährt, wenn der Kopf ganz still ist. Es regnet, und Sie können das Geprassel der Regentropfen hören.

Sie können es mit Ihren Ohren hören, oder Sie können es auch aus dieser tiefen Stille heraus hören. Wenn Sie das in dieser tiefen geistigen Stille hören, dann ist diese Schönheit so groß, daß man sie nicht in Worte fassen oder ein Gemälde daraus machen kann, weil diese Schönheit etwas ist, das jenseits von Selbst-Verwirklichung besteht. Liebe ist offensichtlich nur reine Freude, welche kein Vergnügen ist.

Saanen, 5. August 1962

Wenn ich darf, möchte ich über das Ende des Leidens sprechen, weil die Angst, das Leid und das, was wir Liebe nennen, immer miteinander verbunden sind. Wenn wir die Angst nicht verstehen, werden wir das Leid nicht verstehen können – noch werden wir jenen Zustand der Liebe kennenlernen, in dem es weder Widerspruch noch Reibung gibt.

Am allerschwersten ist es, das Leid ganz zu beenden; denn das Leid ist in der einen oder anderen Form immer unser Begleiter. Deshalb möchte ich mich mit diesem Problem ganz besonders eingehend befassen. Aber meine Worte werden recht wenig Sinn haben, wenn nicht jeder hier das Problem in sich selber untersucht, wobei er weder zustimmen noch ablehnen, sondern nur die Tatsache an sich beobachten sollte. Wenn uns das wirklich und nicht bloß theoretisch gelingt, werden wir vielleicht in der Lage sein, die enorme Bedeutung des Leidens zu verstehen und damit dem Leid ein Ende zu bereiten.

Jahrhundertelang sind Liebe und Leid Hand in Hand gegangen, manchmal überwog das eine und manchmal das andere. Dieser Zustand, den wir Liebe nennen, geht bald vorüber, und wir werden wieder von unseren Eifersüchten, unseren Eitelkeiten, unseren Ängsten und unserem Schmerz eingeholt. Immer hat es schon diesen Kampf zwischen Liebe und Leid gegeben, – und ehe wir uns mit der Frage des Beendens allen Leidens befassen können, müssen wir, so meine ich, verstehen, was Leidenschaft ist.

Die Leidenschaft – das ist etwas, was nur sehr wenige von uns wirklich empfinden. Was wir vielleicht fühlen, ist Begeisterung, die in einem emotionalen Zustand über etwas anderes gefangen ist. Unsere Leidenschaft ist immer für etwas, für die Musik, für die Malerei, für die Literatur, für unser Land, für eine Frau oder einen Mann. Sie ist immer Wirkung einer Ursache. Wenn Sie sich in jemanden verlieben, sind Sie in einem starken emotionalen Zustand, der Wirkung dieser besonderen Ursache ist. Worüber ich hier spreche, ist Leidenschaft ohne eine Ursache. Das heißt, für alles Leidenschaft zu empfinden; aber die meisten von uns empfinden nur in Verbindung mit einer bestimmten Person oder einer Sache Leidenschaft. Ich denke, daß man diesen Unterschied sehr deutlich sehen muß. Im Zustand der Leidenschaft, die keine Ursache hat, gibt es diese Intensität, die von aller Verhaftung frei ist. Wenn aber Leidenschaft eine Ursache hat, dann ist man auch verhaftet, und Verhaftung ist der Anfang des Leidens. Die meisten von uns haben so eine Bindung, wir klammern uns an eine Person, an ein Land, an einen Glauben, an eine Idee, und wenn man uns das Objekt unserer Bindung wegnimmt oder es auf andere Weise seine Bedeutung verliert, entdecken wir, daß wir leer und unzureichend sind. Diese Leere versuchen wir dadurch aufzufüllen, daß wir uns an etwas anderes anklammern, das dann wiederum zum Objekt unserer Leidenschaft wird.

Bitte schauen Sie in Ihr eigenes Herz und in Ihren Kopf. Ich bin hier bloß ein Spiegel, in dem Sie sich selber betrachten. Wenn Sie sich nicht betrachten wollen, dann ist das ganz in Ordnung, aber wenn Sie es wirklich wollen, dann betrachten Sie sich selber genau, rücksichtslos, intensiv und nicht in der Hoffnung, daß Sie dadurch Ihren Schmerz, Ihre Sorgen oder Ihre Schuldgefühle loswerden können, sondern um diese große Leidenschaft zu begreifen, die immer ins Leid führt.

Wenn Leidenschaft eine Ursache hat, wird sie zur Lust. In der Leidenschaft für etwas – für einen Menschen, für eine Idee, für irgendeine Erfüllung – entsteht Widerspruch, Konflikt und Anstrengung. Sie streben danach, einen bestimmten Zustand zu erreichen oder zu halten oder einen wieder zu erreichen, den Sie einmal hatten und der vorbei ist. Aber die Leidenschaft, von der ich spreche, ruft keinen Widerspruch, keinen Konflikt hervor. Sie ist mit keiner Ursache verbunden und hat deshalb auch keine Wirkung.

Hören Sie nur zu: Versuchen Sie nicht, diesen Zustand der Intensität, diese unverursachte Leidenschaft zu erreichen. Wenn wir aufmerksam mit diesem Gefühl der Ruhe zuhören können, die sich einstellt, wenn Aufmerksamkeit nicht durch Disziplin erzwungen wird, sondern aus dem einfachen Wunsch zu verstehen geboren wird, dann denke ich, werden wir selber entdecken, was diese Leidenschaft ist.

Die meisten von uns haben sehr wenig Leidenschaft. Wir mögen lustvoll sein, wir mögen uns nach irgend etwas sehnen, wir möchten vielleicht vor etwas fliehen, und das alles gibt uns eine gewisse Intensität. Wenn wir aber nicht aufwachen und uns in diese Flamme der Leidenschaft, die ohne Ursache ist, hineinfühlen, dann werden wir das, was wir das Leid nennen, nicht verstehen. Wenn Sie etwas verstehen wollen, brauchen Sie dazu Leidenschaft, die Intensität vollkommener Aufmerksamkeit. Wo die Leidenschaft für etwas ist, weckt das Widerspruch und Konflikt, und deshalb kann diese reine Flamme der Leidenschaft nicht brennen. Aber diese eine Flamme der Leidenschaft muß brennen, damit sie das Leiden auslöscht, damit es ganz aufhört.

Wir wissen, daß das Leid eine Konsequenz ist. Es ist die Wirkung einer Ursache. Ich liebe jemanden, und dieser jemand liebt mich nicht – das ist eine Form des Schmerzes. Ich möchte mich in einer bestimmten Richtung erfüllen, aber mir fehlt es an Fähigkeit. Oder ich habe die Fähigkeit, aber Krankheit oder irgendein anderer Faktor steht meiner Erfüllung im Wege. Das ist eine andere Form des Leids. Es gibt das Leid eines kleinen Geistes, der ständig mit sich selbst in Widerspruch liegt, unaufhörlich kämpft, sich anpaßt, sucht, sich ausrichtet. Dann gibt es das Leid des Beziehungskonflikts und das Leid, wenn man jemanden durch den Tod verliert. Sie alle kennen diese verschiedenen Formen des Leidens, und sie sind alle die Konsequenz einer Ursache.

Nun – wir stellen uns niemals der Tatsache des Leidens. Wir versuchen ständig, es zu rationalisieren, es wegzuerklären. Oder wir klammern uns an ein Dogma, an ein Glaubensmuster, das uns befriedigt, vorübergehend Trost spendet. Manche Leute nehmen eine Droge, andere fangen an zu trinken oder zu beten – alles, um die Intensität, die Qual des Schmerzes abzuschwächen. Das Leid und der ewige Versuch, dem Leid zu entgehen, ist unser aller Los.

Wir denken nie daran, das Leiden ganz zu beenden, so daß der Geist niemals in Selbstmitleid, im Schatten der Verzweiflung gefangen ist. Da wir unfähig sind, das Leiden zu beenden, beten wir es als das Leiden Christi in unseren Kirchen an, falls wir Christen sind; und ob wir nun in die Kirche gehen und das Symbol des Leidens anbeten oder versuchen, das Leiden wegzurationalisieren oder unseren Schmerz zu vergessen, indem wir trinken – es bleibt alles dasselbe. Wir fliehen vor der Tatsache, daß wir leiden. Ich spreche jetzt nicht vom körperlichen Schmerz, mit dem die moderne Medizin verhältnismäßig gut umgehen kann. Ich spreche über das Leid, den psychologischen Schmerz, der Klarheit und Schönheit verhindert, der Liebe und Mitgefühl zerstört. Ist es möglich, alles Leiden zu beenden?

Ich denke, daß das Ende des Leidens mit der Intensität der Leidenschaft verbunden ist. Nur da, wo man sich selber preisgibt, kann Leidenschaft sein. Man ist niemals leidenschaftlich, wenn nicht das, was wir Denken nennen, abwesend ist. Was wir Denken nennen, ist eine Reaktion auf verschiedene Muster und Erfahrungen des Gedächtnisses und wo diese konditionierte Reaktion vorhanden ist, da gibt es keine Leidenschaft, gibt es keine Intensität. Diese Intensität kann es nur dann geben, wenn das »Ich« ganz abwesend ist.

Wissen Sie, es gibt ein Gefühl für Schönheit, dem es gleichgültig ist, ob etwas schön oder häßlich ist. Nicht, daß der Berg nicht schön wäre oder dort kein häßliches Gebäude stünde, aber es gibt eine Schönheit, die nicht das Gegenteil von Häßlichkeit ist, es gibt Liebe, die nicht das Gegenteil von Haß ist. Die Preisgabe des Ich, von der ich jetzt spreche, ist dieser Zustand der Schönheit, der keine Ursache hat, und deshalb ein Zustand der Leidenschaft ist. Ist es möglich, daß man über jenes hinausgelangt, das die Folge einer Ursache ist.

Bitte seien Sie doch aufmerksam, damit Sie den Sinn erfassen, anstatt an den Worten hängenzubleiben.

Sehen Sie, die meisten von uns reagieren immer nur. Reaktion ist unser ganzes Lebensmuster. Unsere Antwort auf das Leid ist Reaktion. Wir antworten damit, daß wir versuchen, die Ursache des Leidens zu erklären oder indem wir vor Leid entfliehen. Aber unser Leid hört nicht auf. Das Leid endet erst dann, wenn wir uns der

Tatsache des Leidens stellen, wenn wir begreifen und über beides hinausgehen, sowohl über die Ursache als auch über die Wirkung. Wenn man versucht, sich mittels einer bestimmten Übung oder durch bewußtes Denken vom Leid zu befreien oder indem man sich auf irgendeine der verschiedenen Möglichkeiten der Flucht aus dem Leid einläßt, dann erweckt das nicht die außergewöhnliche Schönheit, die Vitalität, die Intensität dieser Passion im Geiste, welche das Leiden in sich einschließt und es transzendiert.

Was ist Leid? Wenn Sie diese Frage hören, wie reagieren Sie? Sofort versucht Ihr Kopf, die Ursache des Leidens zu erklären, und diese Suche nach einer Erklärung weckt die Erinnerung an den Schmerz, den Sie durchlebt haben. Verbal kommen Sie also immer auf die Vergangenheit zurück oder gehen in die Zukunft bei dem Versuch, eine Erklärung für die Ursache der Auswirkung zu finden, die wir Leid nennen. Aber ich denke, man muß über das alles hinausgehen.

Wir wissen sehr gut, welche Ursache das Leid hat: Armut, Krankheit, Enttäuschung, Mangel an Liebe und anderes. Wenn wir die verschiedenen Ursachen des Leidens erklären, haben wir das Leid doch nicht beendet. Wir haben dann nicht wirklich die enorme Tiefe und den Sinn des Leidens erfaßt, genausowenig wie wir diesen Zustand, den wir Liebe nennen, verstanden haben. Ich denke, daß die beiden aufeinander bezogen sind – Liebe und Leid – und wenn man verstehen will, was Liebe ist, muß man die Unermeßlichkeit des Leidens fühlen.

Die Alten haben über das Ende des Leidens gesprochen, und sie legten eine Lebensart fest, die das Leid beenden sollte. Viele Menschen haben diese Lebensart praktiziert. Die Mönche im Osten und Westen haben sie ausprobiert, aber sie haben sich damit nur selber verhärtet. Ihre Köpfe und Herzen haben sich dabei eingekapselt. Sie leben hinter den Mauern ihrer eigenen Gedanken oder hinter Mauern aus Ziegel und Stein. Aber ich glaube wirklich nicht, daß sie darüber hinausgelangt sind und die Unermeßlichkeit dieses Etwas, das man Leid nennt, fühlen.

Wenn man das Leiden beenden will, muß man sich der Tatsache der eigenen Einsamkeit, der eigenen Bindung, des eigenen trivialen Verlangens nach Ruhm, des eigenen Hungers geliebt zu werden, stellen. Das bedeutet, sich von Eigeninteresse und von der

Torheit des Selbstmitleids zu befreien. Und wenn man das alles überwunden und vielleicht dem eigenen persönlichen Leid ein Ende bereitet hat, gibt es immer noch das riesige kollektive Leid, das Leiden der Welt. Man kann das eigene Leid beenden, indem man in sich selber den Tatbestand und die Ursache des Leidens erkennt; und das ist für einen Geist, der ganz frei sein will, unerläßlich. Aber wenn man das alles hinter sich hat, gibt es immer noch das Leid der großen Ignoranz, die in der Welt existiert – nicht Mangel an Information, an Buchwissen, sondern die Unwissenheit des Menschen über sich selber. Der Mangel an Selbsterkenntnis ist die Essenz der Ignoranz, und das führt zu diesem unermeßlichen Leiden, das überall in der Welt ist. Und was ist Leiden in Wirklichkeit?

Sehen Sie, es gibt keine Worte, das Leid zu erklären, genausowenig wie es Worte gibt, um zu erklären, was Liebe ist. Liebe ist nicht Bindung, Liebe ist nicht das Gegenteil von Haß, Liebe ist nicht Eifersucht. Und wenn man aufhört, eifersüchtig, neidisch und verhaftet zu sein, wenn man alle Konflikte und Qualen, die man durchmacht, beendet hat und sich einbildet, daß man liebt – wenn das alles zu Ende ist, bleibt immer noch die Frage, was Liebe ist, und es bleibt immer noch die Frage, was das Leid ist. Sie werden erst dann entdecken, was Liebe und was Leid ist, wenn Ihr Kopf alle Erklärungen zurückweist und sich nichts mehr vorstellt, nicht mehr nach einer Ursache sucht, sich nicht mehr auf Worte einläßt oder in der Erinnerung zu seinen eigenen Vergnügungen und Schmerzen zurückgeht. Ihr Kopf muß ganz still werden, wortlos, auf Symbole und Ideen verzichten. Dann werden Sie diesen Zustand entdekken, oder er wird sich von selber einstellen, in dem das, was wir Liebe, was wir Leiden nennen, was wir als Tod bezeichnen, ein- und dasselbe sind. Es gibt dann keine Trennung mehr zwischen Liebe, Leid und Tod; und weil es keine Trennung mehr gibt, stellt sich die Schönheit ein. Aber um das zu begreifen, um in diesem Zustand der Ekstase zu sein, ist jene Leidenschaft unerläßlich, die sich in der totalen Selbstvergessenheit einstellt.

Bombay, 21. Februar 1965

Wenn wir verstehen wollen, was Vergnügen ist, müssen wir bereit sein, es zu erlernen, statt es zu unterdrücken oder sich ihm einfach hinzugeben. Dieses Erlernen ist eine Disziplin, die fordert, daß man sich weder darauf einläßt noch es verleugnet. Man lernt erst dann, wenn man begreift, daß jede Form von Verdrängung, Ablehnung oder Beherrschung das Lernen vereitelt und man dabei nicht lernt. Man muß sich dem Problem des Vergnügens in einer neuen geistigen Haltung annähern, wenn man es verstehen will. Für uns ist Vergnügen etwas ganz besonders Wichtiges. Bestimmte Dinge tun wir nur, weil sie uns Spaß machen. Wir laufen vor allem, was schmerzlich ist, davon und bemessen alles nach dem Stellenwert seines Vergnügens, den es uns bereitet.

Also spielt das Vergnügen eine besonders große Rolle in unserem Leben. So als Ideal, bei dem Mann, der dieses sogenannte weltliche Leben aufgibt, um ein anderes Leben zu entdecken – das basiert immer noch auf Vergnügen. Oder Menschen sagen: »Ich muß den Armen helfen« und befassen sich mit sozialen Reformen. Auch das ist immer noch ein Akt des Vergnügens. Vielleicht wird das dadurch bemäntelt, daß man es Dienst oder Güte nennt, aber es bleibt immer noch ein geistiger Vorgang, der Vergnügen sucht und allem entflieht, das eine Störung verursacht, die man Schmerz nennt. Wenn Sie sich selber beobachten, sehen Sie, das wir in unserem Alltag in jedem Augenblick dieses tun. Vielleicht mögen Sie jemanden, der Ihnen schmeichelt und einen anderen mögen Sie nicht, weil er etwas sagt, das wahr ist und das Ihnen nicht gefällt und werden deshalb zu seinem Widersacher. Deshalb leben Sie beständig im Kampf.

Es ist also ganz wichtig, daß man dieses Etwas, Vergnügen genannt, versteht. Wenn ich verstehen sage, meine ich, daß man darüber lernt. Da gibt es eine Menge zu lernen, weil alle unsere sinnlichen Reaktionen, alle Werte, die wir geschaffen haben, alle Forderungen – das sogenannte Selbst-Opfer, die Verleugnung, die Akzeptanz – auf dieser außergewöhnlichen Sache basieren, auf einer verfeinerten oder groben Form von Vergnügen. Wir setzen uns für verschiedene Aktivitäten ein – als Kommunisten, als Sozialisten oder was immer Sie auf dieser Basis wollen – weil wir denken, daß wir, wenn wir uns mit einer bestimmten Aktivität, mit einer bestimmten Idee, mit einem bestimmten Lebensmuster identifizieren, mehr Vergnügen haben werden, größeren Nutzen daraus ziehen können. Dieser Stellenwert, dieser Nutzen gründet auf unserer Identifizierung mit einer bestimmten Art der Aktivität als Vergnügen. Bitte beobachten Sie das.

Sie hören nicht bloß den Worten hier zu, sondern in Wirklichkeit hören Sie zu, um die Wahrheit oder das Trügerische des Gesagten zu entdecken. Es ist unser Leben, es ist Ihr Alltag. Die meisten von uns verschwenden dieses Besondere, das man Leben nennt. Wir leben sechzig Jahre, sind ins Büro gegangen, haben uns in sozialen Aktivitäten engagiert, sind in vielerlei Hinsicht geflohen, und am Ende haben wir nichts außer einem leeren, langweiligen, stupiden Leben, einem verschwendeten Leben. Aus diesem Grund ist es so wichtig, daß man dieses Problem des Vergnügens begreift, falls Sie neu damit beginnen wollen. Weil die Unterdrückung oder die Verleugnung des Vergnügens keinesfalls dieses Problem löst. Die sogenannten frommen Leute unterdrücken jede Form des Vergnügens, wenigstens versuchen sie es, und werden dadurch zu abgestumpften, ausgehungerten Menschen. So ein Geist ist unfruchtbar, abgestumpft, unsensibel und kann unmöglich herausfinden, was die Wirklichkeit ist.

Deshalb ist es so wichtig, daß man die Aktivitäten des Vergnügens entdeckt. Es ist herrlich, einen schönen Baum anzuschauen, das ist großes Entzücken – was sollte daran nicht in Ordnung sein? Aber wenn man eine Frau oder einen Mann mit Vergnügen ansieht, dann nennen Sie das unmoralisch, weil für Sie Vergnügen immer mit der einen Sache zu tun hat oder damit verbunden ist, nämlich der Frau oder dem Mann. Oder es ist die Flucht vor den Schmerzen der Beziehung, und deshalb suchen Sie Vergnügen anderswo in einer Idee, in einer Zuflucht, in einer bestimmten Aktivität. Nun, es ist das Vergnügen, das diese Schablone gesellschaftlichen Lebens geformt hat. Es bereitet uns Vergnügen, ehrgeizig zu sein, im Wettstreit zu leben, uns zu vergleichen, Wissen, Macht, eine Position, Prestige oder Status zu erwerben; und diese Jagd nach Vergnügen als Ehrgeiz, Wettstreit, Habgier, Neid, Status, Herrschaft oder Macht wird respektiert. Das wird von einer Gesellschaft respektiert, die nur ein Konzept hat: Sie sollen ein moralisches Leben, welches ein respektables Leben ist, führen. Sie können ehrgeizig sein, Sie können habgierig sein, Sie können gewaltsam sein, Sie können konkurrierend sein, Sie können ein rücksichtsloser Mensch sein, aber die Gesellschaft akzeptiert das; denn am Ende Ihres Ehrgeizes sind Sie entweder ein erfolgreicher Mann mit viel Geld oder ein Versager und deshalb ein frustrierter Mensch. Also ist die gesellschaftliche Moral im Grunde Unmoral.

Bitte hören Sie zu, ohne zuzustimmen oder abzulehnen. Verstehen Sie die Tatsache. Sie müssen die Tatsache verstehen, begreifen und dürfen keine Ideen daraus entwickeln, keine Meinungen dazu haben. Sie sind dabei, das zu erlernen, und wenn Sie lernen wollen, müssen Sie mit einem forschenden und deshalb leidenschaftlichen, eifrigen und frischen Geist darangehen. Moral und Sitte, welche Gewohnheit sind, werden innerhalb eines Musters respektiert, solange wie Sie sich dem Muster anpassen. Es gibt Menschen, die gegen dieses Muster rebellieren – das passiert immerzu. Rebellion ist eine Reaktion auf das Muster. Diese Reaktion nimmt viele Formen an – die Beatniks, die Beatles, die Teddy Boys und so weiter – aber auch die befinden sich nach wie vor innerhalb des Musters. Wirklich moralisch zu sein, ist etwas ganz anderes; und aus diesem Grund muß man das Wesen der Tugend und das Wesen des Vergnügens verstehen. Unsere gesellschaftlichen Sitten und Bräuche, Traditionen und Beziehungen, sie alle basieren auf dem Vergnügen. Ich verwende dieses Wort Vergnügen nicht in einem kleinen, beschränkten Sinn, ich verwende es in einem erweiterten Sinn. Unsere Gesellschaft gründet auf Vergnügen, und alle unsere Beziehungen gründen darauf. Sie sind mein Freund, solange ich dem nachkomme, was Sie mögen, solange ich Ihnen dabei behilflich bin, bessere Geschäfte zu machen, aber sobald ich Sie kritisiere, bin ich nicht Ihr Freund. Das ist so offensichtlich und so dumm.

Wenn Sie nicht verstehen, was Vergnügen ist, werden Sie nie begreifen, was Liebe ist. Liebe ist kein Vergnügen. Liebe ist etwas ganz anderes. Wenn Sie Vergnügen verstehen wollen, müssen Sie alles darüber lernen. Für die meisten von uns, für jeden Menschen, ist Sex ein Problem. Warum? Hören Sie gut zu. Weil Sie das nicht lösen können, laufen Sie davon. Der Sannyasi läuft davon, indem er ein Keuschheitsgelübde ablegt, indem er verleugnet. Bitte sehen Sie, was so einem Geist widerfährt. Wenn Sie etwas verleugnen, das Teil Ihrer Gesamtstruktur ist – die Drüsen und so weiter – wenn Sie das unterdrücken, machen Sie sich unfruchtbar, und es kommt zu einem Dauerkampf, in Ihnen selber.

Wie wir schon sagten, gibt es für uns anscheinend nur zwei Möglichkeiten, einem Problem zu begegnen, nämlich entweder es zu unterdrücken oder vor ihm zu fliehen. In Wirklichkeit ist die Unterdrückung dasselbe wie die Flucht, und wir haben ein ganzes Netz von Fluchtwegen – sehr kompliziert, intellektuell, emotional – und ganz gewöhnliche alltägliche Aktivitäten. Es gibt verschiedene Fluchtformen. Aber wir haben dieses Problem. Der Sannyasi flieht davor auf seine Art, aber er löst das Problem nicht. Er hat es verdrängt, indem er ein Gelübde ablegt, und das ganze Problem brennt in ihm. Er mag das äußere Gewand der Einfachheit anlegen, aber das wird für ihn zu etwas ganz Besonderem, genauso wie für den Menschen, der ein ganz gewöhnliches Leben lebt.

Wie lösen Sie das Problem? Sie müssen es lösen. Es ist ein Akt des Vergnügens. Sie müssen es begreifen. Wie lösen Sie es? Wenn Sie es nicht lösen, werden Sie bloß von einer Gewohnheit gefangengenommen. Das heißt Routine. Ihr Geist wird abgestumpft, einfältig und schwerfällig; und das ist das einzige, was Sie haben. Deshalb müssen Sie das Problem lösen. Als erstes verurteilen Sie es nicht, während Sie sich daranmachen, es zu verstehen. Bitte lernen Sie. Deshalb sprechen wir über das Erlernen. Sie werden intellektuell und emotional unterdrückt. Ihr Geist wiederholt bloß. Sie kopieren, Sie imitieren, was andere Leute tun. Sie zitieren endlos die Gita oder die Upanischaden oder irgendwelche heiligen Schriften, aber intellektuell sind Sie ausgehungert, leer, stumpf. Tag für

Tag imitieren Sie intellektuell in Ihrem Büro, tun dort stets dasselbe, wie auch in Ihrer Fabrik oder zu Hause – ständige Wiederholungen. So wird der Intellekt, der vital, genau, vernünftig, gesund und frei sein muß, unterdrückt. Da gibt es keinen Ausweg, da kommt es zu keiner kreativen Handlung. Sie sind emotional, ästhetisch verhungert, weil Sie sensible Emotion ablehnen, jene Sensibilität, die Sie benötigen, um die Schönheit zu sehen, um die Lieblichkeit eines Abends zu genießen, einen Baum zu betrachten und in intimer Kommunikation mit der Natur zu sein. Was bleibt Ihnen also noch? Für Sie gibt es im Leben nur noch eine Sache, und die wird zu einem riesigen Problem.

Also muß ein Kopf, der dieses Problem begreifen will, sofort darangehen, weil jedes Problem, das Tag um Tag weitergeht, den Geist abstumpft, den Kopf abstumpft. Haben Sie nicht bemerkt, was mit einem Kopf geschieht, der ein Problem hat, das er nicht lösen kann? Entweder flieht er in ein anderes Problem oder er unterdrückt es und wird dabei neurotisch – bekommt sozusagen eine normale Neurose, aber das ist neurotisch. Also muß jedes Problem, gleichgültig ob es ein emotionelles, intellektuelles oder körperliches Problem ist, sofort gelöst werden und darf nicht in den nächsten Tag hinübergenommen werden, weil am nächsten Tag andere Probleme auf Sie warten.

Deshalb müssen Sie lernen. Aber Sie können nicht lernen, wenn Sie nicht die Probleme von heute gelöst haben und sie bloß nach morgen mitnehmen. Also muß jedes Problem, wie verzwickt, wie schwierig, wie fordernd es auch sei, augenblicklich, am selben Tag gelöst werden. Sehen Sie doch bitte, wie wichtig das ist. Ein Kopf, der einem Problem gestattet, Wurzeln zu schlagen, weil er damit nicht umgehen konnte, weil er nicht die Fähigkeit hat, nicht die Intensität, nicht die Energie hat zu lernen, – so ein Kopf wird unsensibel, ängstlich, häßlich, nur an sich selbst interessiert, egoistisch, brutal, wie Sie es in der Welt überall sehen können.

Also muß dieses sogenannte sexuelle Problem gelöst werden; und wenn man das intelligent lösen will, ohne davonzulaufen, es zu verdrängen, ein dummes Gelübde abzulegen oder hemmungslos nachzugeben – muß man dieses Problem des Vergnügens verstehen. Man muß auch ein anderes Problem verstehen, daß nämlich die meisten Menschen Leute aus zweiter Hand sind.

Sie können die Gita rückwärts aufsagen, aber Sie sind ein Mensch aus zweiter Hand. Sie haben nichts Originelles. Es gibt nichts in Ihnen, das spontan, wirklich ist, entweder im Intellektuellen oder Ästhetischen oder in der Moral. So bleibt nur eines: Hunger, Appetit auf Essen und Sex. Es kommt zu zwanghaftem Essen und zu zwanghaftem Sex. Sie sehen die Leute, wie sie fressen, gierig verschlingen – und dasselbe im Sexuellen.

Wenn Sie also dieses sehr komplizierte Problem verstehen wollen, weil das Schönheit, Zuneigung, Liebe in sich birgt, müssen Sie das Vergnügen verstehen und die Konditionierung eines wiederholenden Geistes durchbrechen, eines Geistes, der bloß wiederholt, was andere seit Jahrhunderten oder zehn Jahren erzählen. Das ist ein wunderbarer Ausweg, Marx oder Stalin oder Lenin zu zitieren, und es ist ein herrlicher Ausweg, die Gita zu zitieren, als ob Sie davon irgend etwas verstanden hätten. Sie müssen leben, und um leben zu können, dürfen Sie keine Probleme haben.

Wenn Sie das sexuelle Problem verstehen wollen, müssen Sie den Geist, den Intellekt befreien, damit er hinschauen, verstehen und sich weiterbewegen kann. Das gilt auch für alles Emotionelle und für das ästhetische Empfinden. Sie müssen die Bäume ansehen, die Berge und die Flüsse, die Verwahrlosung einer schmutzigen Straße sehen. Sie müssen Ihrer Kinder gewahr sein, wie sie erzogen werden, wie sie gekleidet sind, wie Sie sie behandeln, wie Sie mit ihnen sprechen. Sie müssen die Schönheit einer geometrischen Figur, eines Bauwerks, eines Berges, der Biegung eines Flusses, die Schönheit eines Gesichtes sehen. Das alles ist Freiwerden dieser Energie – nicht durch Verdrängung, nicht durch Identifizierung mit irgendeiner Idee, sondern es ist das Freiwerden der Energie in alle Richtungen, so daß Ihr Kopf ästhetisch, intellektuell, mit Vernunft, mit Klarheit aktiv ist und die Dinge so sieht, wie sie sind. Wenn Sie das alles nicht ganz selbstverständlich wahrnehmen – die Schönheit eines Baumes, eines Vogels im Flug, des Lichtes auf dem Wasser und die vielen anderen Dinge im Leben – dann bleibt Ihnen nur dieses einzige Problem.

Die Gesellschaft sagt, daß Sie moralisch sein müssen und die Moral die Familie ist. Die Familie wird tödlich, wenn sie auf die Familie eingeschränkt wird. Das bedeutet doch, daß dieFamilie das Individuum ist, und das Individuum, das die Familie ist, steht den vielen, dem Kollektiv, der Gesellschaft gegenüber. Da beginnt der ganze zerstörerische Prozeß. Also hat Tugend nichts mit Respektierlichkeit zu tun. Tugend ist wie eine Blume, die blüht. Das ist kein Zustand, den Sie erreichen sollen. Sie wissen, was Güte ist. Sie können Güte nicht erreichen, Sie können Demut nicht erreichen. Es ist nur der eitle Mann, der darum kämpft, demütig zu werden. Entweder sind Sie es oder Sie sind es nicht, gut nämlich. Das »Sein« ist nicht das »Werden«. Sie können weder gut noch demütig werden; und genauso ist es mit der Tugend. Die moralische Struktur einer Gesellschaft, welche auf Imitation, Angst, häßlichen persönlichen Wünschen und Ehrgeiz, Habgier und Neid aufgebaut ist, verkörpert weder Tugend noch ist sie moralisch. Tugend ist die spontane Handlung der Liebe, – etwas Spontanes, keine vorauskalkulierte, anerzogene Angelegenheit mit dem Namen Tugend. Sie muß spontan sein, sonst ist sie keine Tugend. Wie kann es Tugend sein, wenn es kalkuliert, mechanisch, tägliche Praxis ist?

Also müssen Sie verstehen, was Vergnügen bedeutet, und Sie müssen auch Wesen und Sinn von Vergnügen und Leid verstehen. Und Sie müssen auch Tugend und Liebe verstehen.

Nun – Liebe ist etwas, das man nicht entwickeln kann. Sie können nicht sagen: »Ich werde Liebe lernen, ich werde Liebe praktizieren.« Die meisten Idealisten, die vor sich selber durch verschiedene Arten von intellektuellen, emotionalen Aktivitäten fliehen, haben keine Liebe. Sie mögen wunderbare soziale Reformer, ausgezeichnete Politiker sein, – falls es so etwas wie einen »ausgezeichneten Politiker« überhaupt gibt –, aber sie haben überhaupt keine Liebe. Die Liebe ist etwas ganz anderes als das Vergnügen. Aber ohne sie mit einer tiefen Leidenschaft zu verstehen, können Sie der Liebe nicht begegnen – nicht dadurch, daß Sie sie verleugnen, nicht dadurch, daß Sie vor ihr fliehen, sondern dadurch, daß Sie sie begreifen. In der Schönheit des Vergnügens liegt großes Entzücken.

Also kann man Liebe nicht entwickeln. Man kann die Liebe nicht aufteilen in göttliche und körperliche Liebe. Es ist nur Liebe. Und es ist auch nicht so, daß Sie entweder die vielen oder den Einen lieben. Das ist auch eine absurde Frage: »Lieben Sie alle?« Wissen Sie, eine duftende Blume fragt nicht danach, wer an ihr riecht noch wer sich nicht um sie kümmert. Genauso ist es mit der Liebe.

Liebe ist keine Erinnerung. Liebe gehört weder dem Gemüt noch dem Intellekt an. Aber sie tritt als Mitgefühl ganz selbstverständlich in Erscheinung, wenn diese ganze Frage des Daseins – als Angst, Habgier, Neid, Verzweiflung und Hoffnung – verstanden und gelöst wird. Ein ehrgeiziger Mensch kann nicht lieben. Ein Mensch, der an seine Familie gebunden ist, empfindet keine Liebe. Auch Eifersucht hat nichts mit Liebe zu tun. Wenn Sie sagen: »Ich liebe meine Frau«, meinen Sie das gar nicht wirklich, weil sie im nächsten Augenblick auf sie eifersüchtig sind.

Liebe impliziert große Freiheit, aber nicht die, das Sie tun, was Sie wollen. Liebe stellt sich nur dann ein, wenn der Kopf sehr still, desinteressiert und nicht selbstbezogen ist. Das hier sind keine Ideale. Wenn Sie keine Liebe haben, können Sie machen, was Sie wollen, – hinter allen Göttern dieser Welt her sein, sich in alle sozialen Aktivitäten stürzen, versuchen die Armut zu beseitigen, in die Politik gehen, Bücher und Gedichte schreiben – Sie sind trotzdem ein toter Mann. Ohne Liebe werden Ihre Probleme sich nur noch vergrößern und sich endlos vermehren. Doch mit Liebe können Sie machen, was Sie wollen, da gibt es keine Gefahr, da gibt es keinen Konflikt. Dann ist Liebe das Wesen der Tugend. Ein Geist, der nicht im Zustand der Liebe lebt, ist überhaupt kein frommer Geist, und es ist nur der fromme Geist, der von Problemen befreit ist und die Schönheit von Liebe und Wahrheit kennt.

London, 7. April 1953

Frage: Ich fühle mich sehr einsam und sehne mich nach einer intimen menschlichen Beziehung. Ich finde niemanden – was soll ich machen?

Krishnamurti: Das ist ganz gewiß eines unserer Probleme, daß wir in Verbindung mit irgend etwas glücklich sein möchten, in Verbindung mit einem Menschen, mit einem Symbol, mit einer Idee, mit einer Tugend, mit einer Aktivität, mit einem Gefährten. Wir denken, daß wir das Glück oder das Wahre, wie immer Sie es bezeichnen wollen, durch etwas anderes finden. Deshalb meinen wir, daß wir durch eine Handlung, durch eine Partnerschaft oder durch bestimmte Ideen glücklich werden können.

Weil ich einsam bin, möchte ich also einen Menschen oder eine Idee finden, durch den oder durch die ich glücklich sein kann. Aber die Einsamkeit bleibt, sie ist immer da – nur verborgen. Da sie mich aber ängstigt und ich das innere Wesen dieser Einsamkeit nicht kenne, möchte ich etwas finden, an das ich mich halten kann. Also meine ich, daß ich in Verbindung mit einem Menschen oder mit irgend etwas glücklich sein werde. So sind wir also geistig immer daran interessiert, etwas zu finden. Wir hoffen, etwas zu bekommen, wir hoffen, daß wir durch Möbel, durch ein Haus, durch Bücher, durch Menschen, durch Ideen, durch Rituale oder durch Symbole glücklich werden können. Auf diese Weise bekommen die Dinge, die Menschen, die Ideen enorme Bedeutung für uns, weil wir hoffen, durch sie glücklich zu werden. Also werden wir von ihnen abhängig.

Doch trotz allem bleibt die eine Sache immer noch unverstanden und ungelöst – die Angst, die Furcht besteht weiter. Selbst wenn ich erkenne, daß sie noch da ist, möchte ich sie benutzen, sie überwinden, um zu entdecken, was jenseits davon liegt. So ist für meinen Verstand alles nur Mittel zum Zweck der Überwindung, und dabei wird alles trivial. Wenn ich Sie für meine Erfüllung, für mein Glück benutze, werden Sie ganz unwichtig, weil es nur mein Glück ist, das mich interessiert. Wenn man also denkt, daß man durch einen anderen oder durch eine Sache oder eine Vorstellung glücklich werden kann, werden dann diese Zweckmittel nicht sehr vergänglich? Weil mein Interesse dann anderem gilt, nämlich, darüber hinauszugelangen, um etwas zu begreifen, das jenseits davon ist.

Ist es nicht sehr wichtig, daß ich diese Einsamkeit, dieses Weh, diesen Schmerz großer Leere verstehe? Denn wenn ich das verstehe, werde ich vielleicht nichts mehr benutzen müssen, um das Glück zu finden. Ich werde Gott nicht mehr als Mittel zum Frieden benutzen, noch werde ich ein Ritual anwenden, um noch mehr Sinnesreize, starke Gefühle oder Inspirationen zu bekommen. Was mein Herz auffrißt, ist dieses Angstgefühl, meine Einsamkeit, meine Leere. Kann ich das verstehen? Kann ich das lösen? Die meisten von uns sind einsam, nicht wahr? Wir können machen, was wir wollen – Radio, Bücher, Politik, Religion – nichts von alledem kann diese Einsamkeit wirklich zudecken. Vielleicht bin ich im Sozialen aktiv, vielleicht identifiziere ich mich mit bestimmten organisierten Philosophien, aber egal was ich auch immer unternehme, sie bleibt trotzdem tief in meinem Unterbewußtsein oder in den tieferen Schichten meines Seins.

Wie soll ich damit umgehen? Wie soll ich das heraufholen und es ganz und gar lösen? Wieder ist es meine Tendenz, das zu verurteilen, nicht wahr? Die Sache, die ich nicht kenne, vor der ich Angst habe, – und die Angst ist die Folge der Verdrängung. Schließlich kenne ich ja gar nicht die Beschaffenheit, weiß gar nicht, was Einsamkeit eigentlich ist. Aber mein Verstand hat entschieden und erklärt, sie sei zum Fürchten. Der Verstand hat Meinungen über diese Tatsache, er hat Vorstellungen von der Einsamkeit; und es sind diese Vorstellungen und Meinungen, die die Angst wecken und verhindern, daß ich die Einsamkeit wirklich ansehe.

Hoffentlich drücke ich mich klar aus? Ich bin einsam, und ich habe Angst davor. Was verursacht die Angst? Ist es nicht so, daß ich nicht weiß, welche Implikationen mit der Einsamkeit verbunden sind? Wenn ich den Gehalt der Einsamkeit kennen würde, hätte ich keine Angst vor ihr. Aber weil ich eine Vorstellung davon habe, was sie sein könnte, laufe ich vor ihr davon. Es ist das Davonlaufen, das die Angst weckt und nicht das Hinschauen. Wenn ich sie anschaue, wenn ich mit ihr lebe, kann ich sie nicht verdrängen; und wenn ich mich ihr stellen kann, kann ich sie auch lieben, dann kann ich sie eingehender betrachten.

Ist dann die Einsamkeit, vor der ich mich fürchte, bloß ein Wort? Ist sie dann nicht doch wirklich ein Zustand, der wichtig ist, der vielleicht das Tor ist, durch das ich den Weg nach draußen finde? Dieses Tor könnte mich dahin führen, daß der Geist diesen Zustand begreift, in dem er allein sein muß, unverdorben sein muß. Weil alle anderen Vorgänge, die von dieser Einsamkeit fortführen, Abweichungen, Fluchtwege oder Ablenkungen sind. Wenn der Geist mit der Einsamkeit leben kann, ohne sie zu verurteilen, dann entdeckt er vielleicht dadurch diesen Zustand des Alleinseins ein Bewußtsein, das nicht einsam, aber ganz allein ist, nicht abhängig, nicht mittels einer Sache auf der Suche nach etwas anderem.

Es ist nötig, allein zu sein, dieses Alleinsein zu kennen, das nicht durch Umstände hervorgerufen wird, dieses Alleinsein, das keine Isolation ist, dieses Alleinsein, das Kreativität ist, wenn der Geist weder nach Glück noch nach Tugend sucht noch Widerstand schafft. Nur der Geist, der allein ist, kann entdecken – nicht der Geist, der besudelt ist, von seinen Erfahrungen verdorben worden ist. Also kann vielleicht die Einsamkeit, der wir uns alle bewußt sind, das Tor zur Wirklichkeit öffnen, wenn wir wissen, wie wir sie anschauen müssen.

Fragesteller: Ich bin hauptsächlich psychologisch abhängig von anderen. Ich will mich aus dieser Abhängigkeit befreien. Bitte weisen Sie mir den Weg zur Befreiung.

Krishnamurti: Wir sind innerlich, psychologisch von Ritualen, Ideen, Menschen, Dingen und Besitz abhängig, nicht wahr? Wir sind abhängig, und wir wollen uns von dieser Abhängigkeit befreien, weil sie uns schmerzt. Ich will gar nicht frei sein, solange diese Abhängigkeit befriedigend ist, solange ich in ihr Glück finde. Ich will nicht frei sein. Wenn aber die Abhängigkeit schmerzlich wird, mir Pein verursacht, wenn mir das, wovon ich abhängig bin, wegläuft, stirbt, schwindet, jemand anderem nachschaut, dann will ich frei sein.

Will ich gänzlich von allen psychologischen Abhängigkeiten frei sein oder nur von jenen, die mir Schmerz verursachen? Offensichtlich nur von jenen Abhängigkeiten und Erinnerungen, die mich schmerzen. Ich will nicht gänzlich von allen Abhängigkeiten frei werden, ich will nur von der bestimmten Abhängigkeit frei werden. Also suche ich nach Wegen und Möglichkeiten, mich zu befreien, und ich bitte andere oder eine bestimmte Person, mir bei der Befreiung von dieser bestimmten Abhängigkeit, die mich schmerzt, behilflich zu sein. Ich will gar nicht von dem ganzen Prozeß der Abhängigkeit frei werden.

Kann mir ein anderer helfen, mich von Abhängigkeit, der partiellen Abhängigkeit oder der totalen Abhängigkeit zu befreien? Kann ich Ihnen den Weg weisen? Den Weg, der die Erklärung, das Wort, die Technik ist? Werden Sie dadurch frei, wenn ich Ihnen den Weg weise, die Technik aufzeige, Ihnen etwas erkläre? Sie haben dann immer noch das Problem, nicht wahr? Sie haben immer noch den Schmerz. Ich kann Ihnen noch soviel zeigen, wie Sie damit umgehen sollen, Sie können noch soviel mit mir darüber diskutieren und doch werden Sie dadurch nicht frei von Abhängigkeit. Was soll man also machen?

Bitte sehen Sie, wie wichtig das ist. Sie bitten mich um eine Methode, die Sie von einer bestimmten Abhängigkeit oder von totaler Abhängigkeit befreien soll. Die Methode ist eine Erklärung, nicht wahr? Eine Erklärung, die Sie dann praktizieren und nach der Sie leben werden, damit Sie frei werden. Auf diese Weise wird die Methode zu einer neuen Abhängigkeit. Indem Sie sich von einer bestimmten Abhängigkeit zu befreien versuchen, führen Sie eine neue Form der Abhängigkeit ein.

Wenn Sie aber daran interessiert sind, sich total von jeglicher psychologischer Abhängigkeit zu befreien, wenn es das ist, was Sie wirklich wollen, dann fragen Sie nicht nach einer Methode oder einem Weg. Dann stellen Sie eine ganz andere Frage, nicht wahr? Dann fragen Sie, ob Sie fähig werden können, damit umzugehen, dann fragen Sie nach der Möglichkeit, mit der Abhängigkeit umzugehen. Also lautet die Frage nicht, wie ich mich von einer Abhängigkeit freimachen kann, sondern: »Kann ich fähig werden, mit dem ganzen Problem umzugehen?« Wenn ich die Fähigkeit habe, dann hänge ich von niemandem ab. Nur wenn ich feststelle, daß ich nicht fähig bin, sage ich: »Bitte helfen Sie mir, weisen Sie mir den Weg.« Wenn ich aber fähig bin, mit dem Abhängigkeitsproblem umzugehen, dann bitte ich niemanden, mir bei der Lösung zu helfen.

Ich hoffe, ich drücke mich deutlich aus. Ich meine, es ist sehr wichtig, daß man nicht fragt: »Wie?«, sondern: »Kann ich fähig werden, mit dem Problem umzugehen?« Denn wenn ich weiß, wie ich damit umgehen muß, dann habe ich kein Problem mehr, deshalb suche ich nicht mehr nach einer Methode oder einem Weg. Kann ich fähig werden, mit dem Abhängigkeitsproblem umzugehen?

Was passiert nun in Ihrer Psyche, wenn Sie sich diese Frage stellen? Wenn Sie bewußt fragen: »Kann ich fähig werden, mich von dieser Abhängigkeit zu befreien?« Was ist damit psychologisch geschehen? Sind Sie nicht schon frei von dieser Abhängigkeit? Psychologisch waren Sie abhängig, und jetzt sagen Sie: »Bin ich selber fähig, mich zu befreien?« Im Augenblick, in dem Sie sich diese Frage im Ernst stellen, sind Sie bereits von dieser Abhängigkeit befreit.

Hoffentlich folgen Sie nicht bloß verbal, sondern wirklich, indem Sie das, worüber wir diskutieren, an sich erfahren. Das ist die Kunst des Zuhörens, daß man nicht bloß auf meine Worte hört, sondern auf das hört, was wirklich in Ihrem eigenen Kopf geschieht.

Wenn ich weiß, daß ich die Fähigkeit haben kann, hört das Problem auf. Aber weil ich die Fähigkeit nicht habe, will ich, daß man mich unterweist. Also erschaffe ich mir den Meister, den Guru, den Erlöser, jemanden, der mich retten wird, der mir helfen wird. Also werde ich von diesen abhängig. Wenn ich jedoch die Fähigkeit bekomme, das zu lösen, die Frage zu verstehen, dann ist es ganz einfach, dann bin ich nicht mehr abhängig.

Das bedeutet nicht, daß ich voller Selbstvertrauen bin. Das Vertrauen, das über das Selbst, über das »Ich« entsteht, führt nirgendwohin, weil dieses Vertrauen selbstbeschränkend ist. Aber gerade die Frage: »Könnte ich fähig sein, die Wirklichkeit zu entdecken?« schenkt einem außergewöhnliche Einsicht und Kraft. Die Frage lautet nicht, ob ich die Fähigkeit habe, ich habe keine Fähigkeit, sondern: »Kann ich sie haben?« Danach werde ich wissen, wie man die Tür öffnet, die der Geist ewig mit seinen eigenen Zweifeln, seinen eigenen Besorgnissen, seinen eigenen Ängsten, Erfahrungen, seinem Wissen einschließt.

Wenn also dieser ganze Vorgang gesehen wird, dann ist die Fähigkeit da. Aber diese Fähigkeit kann man nicht über irgendein Verhaltensmuster finden. Ich kann das Ganze nicht durch das Einzelne erkennen. Ich werde das Ganze nicht durch eine spezielle Analyse eines bestimmten Problems begreifen. Kann ich also fähig sein, das Ganze zu sehen – nicht ein bestimmtes Ereignis, nicht einen bestimmten Vorfall –, sondern den Gesamtprozeß meines Lebens mit seinen Leiden, Schmerzen, Freuden und der ewigen Jagd nach Wohlbefinden? Wenn ich diese Frage ernsthaft stellen kann, dann ist die Fähigkeit da.

Mit dieser Fähigkeit kann ich an alle Probleme herangehen, die aufkommen. Es wird immer Probleme, Ereignisse oder Reaktionen geben – das ist das Leben. Weil ich nicht weiß, wie ich damit umgehen soll, gehe ich zu anderen, um es herauszufinden; frage ich andere nach dem Weg, wie man damit umgehen soll. Aber wenn ich frage: »Könnte ich dazu fähig sein?« ist das bereits der Anfang dieses Vertrauens, das nicht das Vertrauen des »Ich«, nicht das Selbstvertrauen ist, nicht das Vertrauen, das durch Ansammlung entsteht, sondern jenes Vertrauen, das sich beständig aus sich heraus erneuert, nicht durch irgendeine bestimmte Erfahrung oder ein Vorkommnis, sondern das sich über Erkenntnis, über die Freiheit einstellt, so daß der Geist die Wirklichkeit entdecken kann.

Saanen, 26. Juli 1973

Ich glaube, daß es nötig ist zu entdecken, was Zuhören bedeutet. Wir werden uns jetzt mit etwas befassen, das Ihre Aufmerksamkeit erfordert, keine intellektuelle Aufmerksamkeit, sondern die Aufmerksamkeit des Zuhörens, eines Zuhörens, das nicht nur dem gesprochenen Wort gilt, sondern dem, was in Wahrheit in Ihnen vorgeht. So zuzuhören, daß Sie dabei beobachten, die Fähigkeit Ihres Geistes beobachten, der sich diesen schwierigen Daseinsproblemen gegenübersieht. Sie sollten dabei nichts interpretieren, dann hören Sie nämlich nicht zu. Das Zuhören ist ein Akt des Gewahrseins, in dem es keine Interpretation, keinen Vergleich gibt, wenn Sie sich an Dinge erinnern, die Sie gelesen haben und sie mit dem hier vergleichen, oder wenn Sie Ihre eigenen Erfahrungen mit dem hier Gesagten vergleichen. Das sind alles Ablenkungen. Das bedeutet, daß man ganz zuhört, ohne dabei Widerstand zu leisten, ohne den Versuch, eine Antwort zu finden, weil Antworten das Problem nicht lösen. Die vollständige Lösung eines Problems ist nur möglich, wenn man ohne den Beobachter, der vergangene Erfahrung, Erinnerung und Wissen ist, beobachten kann – nur beobachten. Dann können wir damit beginnen zu entdecken, was Leid ist und ob sich der menschliche Geist jemals davon befreien kann. Es ist sehr wichtig, daß man selber entdeckt, ob das Leid je enden kann – wirklich, nicht verbal, nicht intellektuell, nicht romantisch oder sentimental. Denn wenn es endet, wird der Geist von einer kolossalen Last befreit, und diese Freiheit benötigt man, um zu erforschen, was Liebe eigentlich ist.

Was also ist Leid, und hat das jemals ein Ende? Das ist wirklich ein ganz tiefes Problem. Ich weiß nicht, ob Sie sich dem schon neugierig zugewendet haben, ob Sie es ernsthaft unternommen haben zu entdecken, was es ist und ob Ihr Geist, d. h. der menschliche Geist, es jemals überwinden kann. Wir müssen entdecken, was Schmerz, Kummer und Leid sind. Es gibt den körperlichen und auch den psychologischen Schmerz: Leiden, Schmerzen im Körper, im Organismus und dann die große Vielfalt des inneren Schmerzes, Kummers und Leidens, sozusagen unter der Haut im Psychischen. Wir alle kennen körperlichen Schmerz, den großen oder den kleinen, und wir können damit medizinisch und auf andere Weise umgehen. Man kann den Schmerz mit einem Geist beobachten, der nicht verhaftet ist, mit einem Geist, der fähig ist, den körperlichen Schmerz wie von außen zu beobachten. Man kann die eigenen Zahnschmerzen beobachten, ohne dabei emotional oder psychisch beteiligt zu sein. Wenn man emotional oder psychisch an dem Zahnschmerz beteiligt ist, nimmt der Schmerz zu, und man wird schrecklich besorgt und ängstlich. Ich weiß nicht, ob Sie diese Tatsache schon bemerkt haben.

Der Schlüssel liegt darin, sich der körperlichen, physiologischen, biologischen Schmerzen bewußt zu sein und in dem Gewahrwerden, sich psychologisch nicht daran zu beteiligen. Es gilt, sich des körperlichen Schmerzes bewußt zu sein und gleichzeitig der psychologischen Beteiligung, welche den Schmerz intensiviert und Besorgnis und Angst weckt, und dabei den psychologischen Faktor auszuklammern. Das erfordert enorme Achtsamkeit, die Fähigkeit einer gewissen Zurückhaltung, die Fähigkeit der unbeteiligten Beobachtung. Dann entstellt der Schmerz nicht die geistigen Prozesse. Dann führt der physische Schmerz nicht zu neurotischer Aktivität des Gemüts. Ich weiß nicht, ob Sie bemerkt haben, wie der Kopf bei großen Schmerzen, die er nicht beseitigen kann, in diesen Schmerz verwickelt wird, so daß die gesamte geistige Lebensanschauung dabei verzerrt wird. Das Gewahrwerden dieses ganzen Prozesses ist keine Angelegenheit des Willens, keine Angelegenheit einer Schlußfolgerung oder eine, bei der man sagt, daß man wachsam sein muß. Sonst rufen sie damit eine Teilung hervor und daher vermehrten Konflikt. Wenn Sie dagegen intelligent den Schmerzvorgang und die psychologische Beteiligung an diesem

Schmerz sowie die Entstellung im Handeln und Denken beobachten, dann kann man mit dem körperlichen Schmerz ganz vernünftig umgehen und auf ihn einwirken.

Doch was nicht einfach, sondern ziemlich schwierig ist, ist der gesamte Bereich psychologischer Schmerzen sowie von Kummer und Leiden. Das erfordert viel mehr, viel genauere Untersuchung, engere Beobachtung und Ergründung. Wir Menschen werden – wo immer wir auch sind – von Kindheit an verletzt. Wir haben so viele uns bewußte und unbewußte Narben, es gibt so viele Formen der Verletzung. Wir vergießen Tränen, offene oder geheime, und wollen aus dieser Verletzung heraus andere treffen, was eine Form von Gewalt ist. Da man uns verletzt hat, errichten wir eine Mauer um uns herum, damit man uns nie wieder verletzt; und wenn man eine Mauer um sich herum errichtet, damit man nicht mehr verletzt wird, wird man nur noch mehr verletzt. Weil man uns zum gegenseitigen Vergleich, zu Nachahmung und Anpassung gezwungen hat, haben wir seit der Kindheit die vielen großen Kränkungen aufbewahrt, doch da wir uns dessen nicht bewußt sind, wird unsere gesamte Aktivität zu Reaktionen, die auf diesen Kränkungen gründen.
Untersuchen wir das hier gemeinsam? Wenn Sie nicht bloß auf das hören, was der Redner sagt, sondern wenn Sie diese Worte verwenden, um sich selber zu erkennen, dann sind Sie mit dem Sprecher in Kommunikation.

Können diese Kränkungen, die alle Arten von Aktivität, wie Unausgeglichenheit, Neurosen oder Ausflüchte hervorbringen, ausgelöscht werden, so daß der Kopf wirksam, genau, gesund und heil funktionieren kann? Das ist eines der Probleme des Leidens. Man hat Sie verletzt, und ich bin sicher, daß das jedem widerfahren ist. Das ist Teil unserer Kultur, es ist Teil unserer Erziehung. In der Schule sagt man Ihnen, daß Sie so gut wie »A« sein müssen, daß sie bessere Zensuren bekommen müssen. Man sagt Ihnen, daß Sie nicht so gut sind wie Ihr Onkel oder so klug wie Ihre Großmutter. Das ist der Anfang; und man behandelt sie mit dieser Art von Vergleich immer brutaler, nicht nur im Äußeren, sondern sehr tief im Inneren. Wenn Sie diese Kränkungen nicht auflösen, werden Sie durch das Leben gehen mit dem Wunsch, andere zu kränken oder gewalttätig zu werden, oder Sie werden sich vom Leben, aus jeder Beziehung zurückziehen, damit man Ihnen nie wieder weh tun kann.

Da das ein Teil unseres Leidens ist, kann sich der so verletzte Geist ganz von jeder Form der Kränkung befreien und niemals mehr verletzt werden? Ein Geist, der unverwundbar ist und nie mehr verletzt werden kann, ist wirklich ein unschuldiger Geist, das ist der Sinn des Wortes gemäß dem Wörterbuch – ein Geist, der unverwundbar ist – und der deshalb unfähig ist, andere zu verletzen. Wie kann nun ein Geist, der zutiefst oder beiläufig verletzt worden ist, von dieser Kränkung frei werden? Wie beantworten Sie diese Frage? Wie entdecken Sie, wenn Sie sich der Kränkung bewußt sind, wie Sie sich von dieser Verletzung befreien können? Wenn Sie eine einzige Verletzung ganz, tief, vollständig verstanden haben, dann haben Sie auch alle anderen Verletzungen verstanden, denn in der einen sind alle anderen eingeschlossen, man muß nicht einer Verletzung nach der anderen nachjagen.

Warum wird der Geist verletzt? Alle Formen der Erziehung, wie es sie heute gibt, sind geistige Entstellungsprozesse mittels Wettbewerb und Konformität in den Schulen und in der Familie in allen unseren äußeren Beziehungen. Der Wille, nicht verletzt zu werden, ist eine Schlußfolgerung des Verstandes, aber der Verstand, der Zeit und Bewegung ist, der Gedanke, der sich die Vorstellung macht, nie wieder verletzt zu werden – hat dieses Problem nicht gelöst. Also kann der Verstand die Kränkung nicht auflösen. Hören Sie bloß zu, was der Sprecher zu sagen hat. Machen Sie es sich zu eigen, trinken Sie es, entdecken Sie es. Der Verstand kann unmöglich diese Kränkungen auflösen, und das ist das einzige Instrument, das uns zur Verfügung steht, das ist das einzige Instrument, das wir so sorgfältig entwickelt haben, und wenn wir dieses Instrument nicht zur Anwendung bringen können, fühlen wir uns verloren. Nicht wahr? Wenn Sie jedoch erkennen, daß der Verstand, die ganze Denkmaschinerie in keiner Weise dieses Problem der Kränkungen lösen wird, dann beginnt die Intelligenz zu arbeiten – die Intelligenz, die weder Ihnen noch mir noch irgend jemand anderem gehört. Die Analyse wird die Kränkungen nicht auflösen. Analyse ist eine Form der Lähmung und kann nicht die Kränkungen auflösen. Was bleibt Ihnen also? Sie erkennen ganz genau, daß man Sie gekränkt hat und weder der Verstand noch die Analyse das aufheben können. Was geschieht im Geist, wenn man die Wahrheit des Denkvorganges erkannt hat, mit allen seinen Assoziationen? Es ist der Gedanke, der sich das Bild von Ihnen erschaffen hat, und dieses Bild ist verletzt worden.

Wenn also der Geist erkennt, daß die Aktivitäten des Verstandes, mit allen Bildern, Maßnahmen und der Analyse, die Kränkung nicht auflösen können, dann schaut der Geist bewegungslos die Kränkung an. Wenn er das im Ganzen auf die Art beobachtet, wie wir es jetzt beschrieben haben, wird er erkennen, daß jede Form der Kränkung ganz verschwindet. Denn die Kränkung ist das Bild, das Sie von sich haben, und dieses Bild hat sich der Verstand gemacht. Das, was verletzt wurde, ist das Bild, und dieses Bild ist unwirklich. Es ist ein Wortgebilde, ein Sprachgebilde, das vom Verstand genährt wird, und wenn die Denkkraft nicht aktiv ist, dann gibt es kein Bild. Dann gibt es auch keine Möglichkeit mehr, je wieder verletzt zu werden. Haben Sie das erfaßt? Wenden Sie es an, nicht morgen – jetzt!

Das ist eine der Ursachen des Leidens. Es gibt das Leid der Einsamkeit, das Leid, keinen Gefährten zu haben – oder wenn Sie einen Gefährten haben, diesen zu verlieren – oder der Tod eines Menschen, den Sie zu lieben glaubten, der Sie körperlich und seelisch befriedigte, beide sind sinnliche Befriedigungen und psychologische Erfüllungen. Wenn dieser Mensch nicht mehr da ist, d. h. wenn dieser Mensch gestorben ist oder sich von Ihnen abgewendet hat, brechen alle Besorgnisse, die Ängste, die Eifersüchteleien, die Einsamkeit, die Verzweiflung, die Wut und die Gewalt in Ihnen auf. Das ist Teil unseres Lebens. Da wir das nicht lösen können, sagt man in Asien: »Im nächsten Leben, mein Freund, werden wir das lösen. Schließlich gibt es immer ein nächstes Leben, dann werde ich wissen, wie ich damit umgehen muß.« Im Westen verdrängt man das Leiden in einen Menschen oder in ein Bild, das man anbetet – das Leiden der Menschheit wird in ein Individuum projiziert, wodurch man auch wieder flieht, aber dadurch wird das Problem nicht gelöst. Sie zögern das hinaus, Sie haben es in einem Bild auf einem Kreuz in einer Kirche dargestellt. Aber es ist nach wie vor da.

Das Leid kann also nur dadurch enden, daß Sie Ihre eigenen Vorgänge verstehen; wie Sie davor fliehen möchten; wie Sie eine Antwort darauf finden möchten; und da Sie keine Antwort finden, wie Sie in den Glauben fliehen, in Vorstellungen, in Konzepte. So handeln die Menschen von alters her; und es gibt immer die Priester, die Mittler, die Ihnen zur Flucht verhelfen werden. Es erfordert große Aufmerksamkeit, das alles in sich selber zu beobachten. Und das ist Selbsterkenntnis – nicht nach irgendeinem modernen oder alten Psychologen, sondern durch bloße Eigenbeobachtung. Die Kränkungen, die Ausflüchte, die Einsamkeit, die Verzweiflung, das Gefühl der Qual niemals über das »was ist« hinauszukommen, das alles ohne irgendeinen Denkvorgang nur zu beobachten, erfordert enorme Aufmerksamkeit. Diese Aufmerksamkeit an sich ist Disziplin, hat ihre eigene Ordnung.

Können Sie die Einsamkeit beobachten, die eine der Faktoren unseres Leidens ist oder aber das Gefühl, das Sie sich irgendwie erfüllen müssen und dazu nicht fähig sind, ohne dabei frustriert zu sein, – beobachten Sie das alles ohne einen verbalen, verstandesmäßigen Vorgang oder den Wunsch, es zu überwinden? Lassen Sie es mich anders sagen: Ich verliere meinen Bruder oder meinen Sohn. Er stirbt, und ich bin tagelang durch den Schock gelähmt. Danach bin ich schließlich Schmerz, Einsamkeit und Leid über die Sinnlosigkeit des Lebens. Ich bin verlassen. Ich bleibe also ganz ohne irgendeinen Gedanken, der sagt: »Ich muß das überwinden, ich muß meinen Bruder finden, ich muß mit ihm in Verbindung treten, ich fühle mich einsam, ich fühle mich verzweifelt.« Man sollte ohne irgendeinen Gedanken nur beobachten. Danach werden Sie sehen, daß aus diesem Leiden Leidenschaft wird, was nichts mit Lust zu tun hat, die eine Energie ist, die nichts mit dem Verstand zu tun hat und frei von Denkvorgängen ist.

Also durch – nein, ich werde das Wort »durch« nicht verwenden. Also in diesem Gewahrwerden der Gesamtvorganges, der das »Ich« bildet, welches ein Verstandesprodukt, eine Bewegung in der Zeit ist, in diesem Gewahrwerden der bewußten und unbewußten Struktur des »Ich« hört das Leiden auf. Sie können das selber testen. Wenn Sie das nicht testen, haben Sie kein Recht, dem zuzuhören, weil es sinnlos ist. Das Leid endet durch Selbsterkenntnis, und damit beginnt die Weisheit.

Nun wollen wir uns mit der nächsten Frage befassen und überlegen, was Liebe ist. Ich weiß wirklich nicht, was sie ist. Man kann sie beschreiben, man kann sie in Worte fassen, man kann sie in wunderbarer Poesie ausdrücken, indem man sehr schöne Worte verwendet, aber Worte sind keine Liebe. Gefühl ist nicht Liebe. Sie hat nichts mit Emotionen, mit Patriotismus oder mit Ideen zu tun. Das wissen Sie sehr gut, wenn Sie sich damit beschäftigt haben. Wir können also die Wortbeschreibungen ganz weglassen, die Bilder beiseite schieben, die wir um dieses Wort herum aufgebaut haben: Patriotismus, Gott, Arbeit für Ihr Land und die Queen – Sie kennen diesen ganzen Unsinn! Wir wissen auch, falls wir sehr genau beobachten, daß Vergnügen nicht gleich Liebe ist. Können Sie diese Pille schlucken? Für die meisten von uns ist Liebe sexuelles Vergnügen. Den meisten unter uns im Westen ist dieses Gefühl von sexuellem, körperlichem Vergnügen sehr wichtig, und jetzt drängt es in die östlichen Zivilisationen. Wenn es nicht erfüllt werden kann, gibt es Qual, Gewalt, Brutalität, riesige emotionale Szenen. Ist das alles Liebe?

Das Vergnügen des sexuellen Aktes und die Erinnerung daran – dieses Wiederkäuen und der Wunsch, es wieder zu bekommen, die Wiederholung, die Jagd nach dem Vergnügen, das nennt man *Liebe*. Wir haben dieses Wort so vulgär, so bedeutungslos gemacht. Geht hin und tötet für die Liebe zu Eurem Land; tretet irgendeiner Sekte bei, weil sie Gott lieben! Wir haben aus dem Wort etwas Schreckliches gemacht – eine häßliche, vulgäre, brutale Angelegenheit. Das Leben ist soviel größer, weiter, tiefer als bloßes Vergnügen, aber diese Zivilisation, diese Kultur hat aus dem Vergnügen die beherrschende, mächtigste Sache des Lebens gemacht. Was ist also Liebe? Welchen Platz nimmt sie in der menschlichen Verbindung zwischen Mann und Frau ein?

Wir wollen überlegen, was die Liebe in der menschlichen Beziehung ist. Wenn Sie die Landkarte der Menschen betrachten – Mann, Frau, Mann und Frau in Verbindung mit ihrem Nachbar, mit dem Staat und allem übrigen – welchen Platz nimmt da die Liebe in der Beziehung ein? Hat sie in der Wirklichkeit überhaupt irgendeinen Platz? Das Leben ist Beziehung, das Leben ist Handeln in Beziehungen. Welchen Platz hat die Liebe in Verbindung mit diesem Handeln?

Untersuchen wir das hier zusammen? Bitte, tun Sie es, es ist Ihr Leben. Verschwenden Sie Ihr Leben nicht. Sie haben ein paar Jahre, verschwenden Sie sie nicht. Sie sind dabei, sie zu verschwenden, und es ist traurig, das mitanzusehen.

Also welchen Platz nimmt die Liebe in der Beziehung ein? Was ist Beziehung, was heißt das, eine Beziehung zu haben? Es heißt, angemessen, vollständig auf einander zu reagieren. Die Bedeutung dieses Wortes *Beziehung* ist: verbunden (verwandt) zu sein; verbunden bedeutet in direktem Kontakt mit einem anderen Menschen zu stehen, beides sowohl in psychologischem als auch in direktem körperlichen Kontakt. Sind wir überhaupt miteinander verbunden? Ich mag verheiratet sein, Kinder, Sex und alles übrige haben, bin ich aber überhaupt verbunden? Und womit bin ich verbunden? Ich bin mit dem Bild verbunden, daß ich mir von Ihnen oder ihr mache. Bitte geben Sie darauf acht, geben Sie doch acht. Und sie ist mit mir gemäß dem Bild verbunden, das sie von mir hat. Ja? Also stehen die beiden Bilder miteinander in Beziehung, und diese bildhafte, vorgestellte Beziehung nennt man Liebe! Sehen Sie doch, was für eine absurde Sache wir daraus gemacht haben. Das ist eine Tatsache. Das ist keine zynische Beschreibung. Dieses Bild habe ich mir von ihr in vielen Jahren oder zehn Tagen oder in einer Woche aufgebaut – oder ein Tag reicht aus. Und sie hat dasselbe gemacht. Verstehen Sie, wie grausam, wie häßlich, wie brutal, wie verrucht diese Bilder sind, die einer vom anderen hat? Man nennt den Kontakt dieser zwei Bilder eine Beziehung. Deshalb tobt ein ewiger Kampf zwischen dem Mann und der Frau, wo der eine versucht, den anderen zu beherrschen. Wenn einer die Herrschaft erreicht hat, wird eine Kultur um diese Herrschaft herum aufgebaut – das matriarchalische oder das patriarchalische System. Sie wissen, was im Gange ist. Ist das Liebe?

Wenn das Liebe ist, dann ist Liebe bloß ein Wort ohne Bedeutung. Denn Liebe ist nicht Vergnügen, nicht Eifersucht, nicht Neid, nicht die Trennung von Mann und Frau, wo einer den anderen beherrscht, einer den anderen antreibt, besitzt, dem anderen verhaftet ist. Das ist ganz gewiß keine Liebe – es ist bloß bequem und eine Sache der Ausbeutung. Doch das akzeptieren wir als Norm im Leben. Wenn Sie das betrachten, es wirklich ansehen, dessen ganz gewahr werden, dann werden Sie darauf achten, daß Sie niemals mehr ein Bild aufbauen – egal was sie macht oder was Sie machen – Sie machen sich kein Bild mehr. Vielleicht entsteht aus diesem eine ganz ungewöhnliche Blume, die Blüte dessen, was man Liebe nennt; und es geschieht wirklich. Diese Liebe hat nichts mit »meiner« oder »deiner« Liebe zu tun. Es ist Liebe. Wenn Sie das erfahren haben, werden Sie Ihre Kinder niemals zur Ausbildung in die Armee schicken, um getötet zu werden. Dann werden Sie eine ganz andere Art von Zivilisation hervorbringen, eine andere Kultur, andere Menschen, Männer und Frauen.

Saanen, 23. Juli 1974

Wir haben gemeinsam über die Eigenart und das Gefüge des Verstandes, seinen Platz und seine Grenzen und über alle Prozesse und Funktionen gesprochen, die im Denkvorgang inbegriffen sind. Wenn ich darf, möchte ich heute vormittag – und es ist so schön, nach diesen vielen Regentagen mit Wolken die Berge, die Schatten und die Flüsse zu sehen und es liegt so ein angenehmer Geruch in der Luft – möchte ich über Verantwortung sprechen, was es heißt, verantwortlich zu sein. Indem wir objektiv, ohne uns eine Meinung oder ein Urteil zu bilden, beobachten, erkennen wir, was in der Welt geschieht: Krieg, erschreckendes Elend und Verwirrung. Wer ist für das alles verantwortlich?

Wir müssen die Gesamtheit des Lebens betrachten, wenn wir wirklich die richtige Antwort, die wahre Antwort darauf finden wollen. Einerseits gibt es die außergewöhnliche Entwicklung der Technologie, die fast die Erde zerstört; andererseits gibt es das, was man mit Hoffnung auf Gott, mit Verlangen nach Gott, mit Anflehen Gottes, der Wahrheit bezeichnen kann oder wie Sie es nennen wollen. Vor uns liegt ein weites Spektrum, und es scheint, als würden wir nur auf einen ganz kleinen Teil davon reagieren. Wir haben diesen riesigen Bereich des Daseins, unseres Alltags, und wir scheinen unfähig zu sein, auf das Ganze zu reagieren. Wir müssen selber entdecken, was die richtige Reaktion, was die richtige Antwort auf das alles ist. Wenn wir bloß auf einen sehr kleinen Teil davon reagieren – wir und unser kleiner Kreis, und unsere kleinen Wünsche und unsere trivialen kleinen Verantwortlichkeiten, unsere selbstsüchtige abgekapselte Existenz – und das Ganze vernachlässigen, werden wir zwangsläufig Leiden verursachen, nicht nur für uns selber, sondern für die ganze Menschheit.

Kann man für die ganze Menschheit und damit auch für die Natur verantwortlich sein?

Verantwortlich sein bedeutet, adäquat, vollständig auf Ihre Kinder, auf Ihren Nachbarn, auf alles, was der Mensch in seinem Versuch, recht zu leben, geschaffen hat, zu reagieren. Wenn man diese riesige Verantwortung nicht nur intellektuell, sondern sehr tief nachempfinden will, wenn man fähig sein will, auf den ganzen Daseinskampf des Menschen, auf Schmerz und Brutalität, Gewalt und Verzweiflung zu reagieren, ganzheitlich zu reagieren – muß man wissen, was es heißt zu lieben. Wissen Sie, dieses Wort *Liebe* ist so mißbraucht, so verdorben, es wird so darauf herumgetreten – aber wir müssen dieses Wort verwenden und ihm einen ganz veränderten Sinn geben. Auf das Ganze kann man nur mit Liebe reagieren. Um diese Qualität, dieses Mitgefühl, dieses außergewöhnliche Gefühl von Kraft und Energie, was nicht vom Verstand erschaffen wurde, verstehen zu können, müssen wir das Leiden verstehen. Wenn wir hier das Wort *verstehen* verwenden, dann ist damit keine verbale oder intellektuelle Kommunikation mit Worten gemeint, sondern die Kommunikation oder enge Verbindung, die hinter dem Wort liegt. Nun müssen wir aber erst das Leiden verstehen, um es überwinden zu können. Sonst können wir unmöglich verstehen, welche Verantwortung wir dem Ganzen gegenüber haben, was wahre Liebe ist.

Wir nehmen jetzt daran teil – nicht nur verbal, intellektuell, sondern wir gehen weit darüber hinaus, und es liegt in unserer Verantwortung, das miteinander zu teilen. Das bedeutet, daß Sie auch das Wort hören, dem semantischen Wortsinn zuhören müssen, am Vorgang der Selbsterforschung teilnehmen und darüber hinausgehen. Man muß an diesem Gesamtvorgang beteiligt sein, sonst werden Sie das bloß verbal, intellektuell oder emotional behandeln, und dann ist es wertlos.

Wenn man diese Verantwortung dem Ganzen gegenüber und damit diese seltsame Qualität der Liebe verstehen will, muß man das Leiden überwinden. Was ist das Leid? Warum leiden die Menschen? Seit Jahrmillionen ist dieses eines der großen Probleme des

Lebens; und offensichtlich haben nur ganz wenige das Leiden überwunden, und sie werden entweder zu Helden oder Erlösern oder zu irgendwelchen neurotischen Führern oder Religionsgründern, und da beläßt man sie. Aber gewöhnliche Menschen wie Sie und ich und andere scheinen niemals darüber hinauszugelangen. Wir scheinen darin gefangen zu sein. Wir fragen jetzt, ob es Ihnen möglich ist, sich ganz vom Leiden zu befreien.

Anscheinend gelingt es dem Menschen nicht, dem psychologischen Leiden ein Ende zu setzen. Durch verschiedene Aktivitäten frommer, wirtschaftlicher, sozialer, politischer, geschäftlicher Art und auf unterschiedlichen Fluchtwegen durch Drogen gelingt es ihm, dem Leiden zu entkommen und so niemals dem wahren Tatbestand des Leidens gegenüberzutreten. Was ist Leid? Kann sich der Kopf ganz von der psychologischen Aktivität befreien, die das Leid verursacht?

Einer der Hauptgründe für das Leiden ist das Gefühl der Isolation, das Gefühl totaler Einsamkeit. Man glaubt, daß man sich auf nichts verlassen kann, überhaupt keine Beziehung zu irgend jemandem hat, daß man völlig isoliert ist. Ich bin ganz sicher, daß Sie dieses Gefühl schon gehabt haben. Es kann passieren, daß Sie mit Ihrer Familie zusammen sind, sich in einem Bus oder auf einer Party befinden und Momente eines ganz starken Gefühls von Isolation erleben, ein ungewöhnliches Gefühl von Mangel, von totaler Leere. Das ist einer der Gründe des Leidens. Im Psychologischen entsteht das Leiden durch das Verhaftetsein: an eine Idee, an Ideale, an Meinungen, an Glauben, an Personen, an Konzepte. Bitte beobachten Sie das in sich selber. Die Welt ist der Spiegel, in den Sie schauen und der Ihnen die Denkprozesse Ihres eigenen Geistes zeigt. Also schauen Sie da hinein.

Eine andere Ursache des Leidens ist ein starkes Gefühl von Verlust – Prestigeverlust, Machteinbuße, Verlust von allem möglichen und der Verlust eines Menschen, den man zu lieben glaubt; und dann gibt es noch den Tod, das endgültige Leid. Kann der Geist von dem allen frei werden? Wenn nicht, kann er machen, was er will; denn er wird dieses Liebesgefühl für das Ganze nicht kennenlernen. Wenn diese Liebe für die Gesamtheit des Daseins nicht nur für Ihr eigenes, sondern für das der ganzen Menschheit nicht vorhanden ist, dann gibt es kein Mitgefühl, dann werden Sie auch nie begreifen, was Liebe ist. In der Liebe zum Ganzen tritt das Individuelle in Erscheinung. Aber in der individuellen Liebe zu dem Einen ist das Andere abwesend.

Also ist es absolut unerläßlich, daß wir das Leiden nicht nur verstehen, sondern es auch überwinden. Ist das möglich? Kann der Geist dieses tiefe innere Einsamkeitsgefühl erfassen, das sich vom Gefühl des Alleinseins unterscheidet? Bitte, verwechseln Sie diese beiden nicht miteinander. Es gibt einen Unterschied zwischen Einsamkeit und einem ganz tiefen Alleinsein. Wir werden verstehen, was es bedeutet, allein zu sein, wenn wir erfassen, was Einsamkeit bedeutet. Wenn man sich einsam fühlt, ist das ziemlich beängstigend, ziemlich deprimierend, und daraus entstehen verschiedene Stimmungen. Können Sie das beobachten, ohne es vernunftgemäß zu deuten und ohne in irgendeiner Form davor zu fliehen?

Kann ich der Einsamkeit gewahrwerden, ohne sie zu deuten, ohne den Versuch, die Ursache zu finden, nur beobachten; und in dieser Beobachtung, kann ich da entdecken, daß ich mittels der Bindung an eine Idee, an ein Konzept, an einen Glauben fliehe? Kann ich mir bewußt werden, was ich glaube und wie ich durch dieses Mittel entfliehe? Wenn ich das in Ruhe beobachten kann, verschwinden Flucht und Glaube ganz mühelos. Sobald ich mich darum bemühe, taucht der Beobachter und das Beobachtete auf und damit auch Konflikt. Doch wenn ich mir aller Implikationen der Einsamkeit bewußt werde, dann gibt es keinen Beobachter, dann gibt es nur die Tatsache dieses Gefühls, daß man völlig isoliert ist. Diese Isolation kommt auch durch unsere täglichen Aktivitäten zustande: meinen Ehrgeiz, meine Habgier, mein Neid, durch mein Suchen nach Selbsterfüllung, dadurch daß ich jemand werden will, mich selber bessern will. Ich bin so sehr mit meinem gemeinen kleinen Selbst beschäftigt, und das ist Teil meiner Einsamkeit. Am Tag und im Schlaf, bei allen Aktivitäten, die ich verrichte, bin ich so mit mir selber beschäftigt: »ich« und »du«, »wir« und »sie«. Ich bin auf mich festgelegt. Ich will alles mögliche für mich bewirken, im Namen meiner Nation, im Namen meines Gottes, im Namen meiner Familie, im Namen meiner Frau.

Also entsteht diese Einsamkeit durch meine alltägliche Aktivität im Eigeninteresse, und das erkenne ich alles, wenn ich aller Aspekte der Einsamkeit gewahr werde. Dann erkenne ich das alles. Ich erkenne es, ich theoretisiere nicht darüber. Wenn ich etwas genau betrachte, kommen die Einzelheiten heraus. Wenn Sie einen Baum, einen Fluß einen Berg oder einen Menschen genau ansehen, dann sehen Sie dabei alles. Dabei *wird Ihnen etwas mitgeteilt* – nicht *Sie* teilen etwas mit.

Wenn Sie so intensiv beobachten oder wenn Sie dieser Einsamkeit so stark gewahrwerden, ohne auszuwählen – dann weicht sie vollständig.

Eine der Ursachen von Einsamkeit ist Bindung. Da wir in unseren Bindungen stecken und sie als schmerzlich empfinden, versuchen wir Bindungslosigkeit zu entwickeln, und das ist ein neuer Schrecken. Warum bindet man sich so? Bindung ist eine Form von geistigem Besitz. Wenn ich an dich gebunden bin, denke ich an dich, sorge ich mich um dich. Ich bin mit dir auf meine egoistische Weise beschäftigt, weil ich dich nicht verlieren will, ich will nicht, daß du frei bist, ich will nicht, daß du irgend etwas tust, was mich in meiner Bindung stören könnte. In dieser Bindung fühle ich mich irgendwie sicher. Also gibt es Angst, Eifersucht, Sorge und Leiden in der Bindung. Nun – schauen Sie es bloß an. Sagen Sie nicht: »Was soll ich machen?« Sie können nichts tun. Wenn Sie versuchen, irgend etwas in bezug auf Ihre Bindung zu unternehmen, dann versuchen Sie damit, eine andere Form der Bindung zu schaffen. Nicht wahr? Also beobachten Sie das nur. Wenn Sie an eine Person oder an eine Idee gebunden sind, dann beherrschen Sie diese Person, dann wollen Sie sie kontrollieren, dann versagen Sie dieser Person die Freiheit. Wenn Sie gebunden sind, verleugnen Sie die Freiheit insgesamt. Wenn ich mich dem kommunistischen Ideal verschrieben habe, bringe ich anderen Zerstörung.

Wenn ich erkenne, daß die Einsamkeit, das Verhaftetsein eine der Ursachen des Leids ist, kann sich dann der Geist aus der Verhaftung befreien? Das soll nicht heißen, daß man gleichgültig werden soll; denn wir sind an der Gesamtheit des Daseins, nicht bloß am eigenen Dasein interessiert. Deshalb muß ich auf das Ganze reagieren und nicht bloß auf meinen besonderen kleinen Wunsch, an Dich gebunden zu sein und diese kleine Angst vor Schmerz und Eifersucht zu überwinden. Weil es in unserem Interesse liegt, diese Qualität der Liebe zu finden, die nur dann entstehen kann, wenn der Geist mit dem Ganzen und nicht mit dem Einzelnen beschäftigt ist. Wenn er mit dem Ganzen beschäftigt ist, stellt sich Liebe ein und dann hat das Einzelne aus dem Ganzen heraus seinen Platz.

Dann gibt es das Leid über einen Verlust, darüber, jemanden zu verlieren, den man »liebt«, verstehen Sie, ich verwende dieses Wort *Liebe* in Anführungszeichen. Warum leiden Sie? Ich verliere meinen Sohn, meine Mutter oder meine Frau. Ich verliere jemanden – warum leide ich? Liegt es daran, daß ich plötzlich verlassen, zutiefst verletzt werde durch den Tod eines anderen? Liegt es daran, daß ich mich mit dieser Person identifiziere? Es ist *mein Sohn*, ich will ihn, ich habe mich in diesen Sohn projiziert. Ich identifiziere mich mit diesem Menschen, und wenn dieser Mensch nicht mehr da ist, empfinde ich einen sehr großen Schmerz, weil ich niemanden mehr habe, durch den ich mich fortsetzen kann. Deshalb bin ich zutiefst verwundet. Aus dieser Verletzung entsteht Selbstmitleid. Bitte überprüfen Sie das alles. Mich beschäftigt gar nicht so sehr der andere. Ich bin eigentlich durch den anderen mit mir selbst beschäftigt, und deshalb bin ich verletzt, wenn es den anderen nicht mehr gibt. Aus dieser Verletzung, die sehr tief ist, entsteht Selbst-Mitleid und der Wunsch, jemand anderen zu finden, durch den ich überleben kann.

Es gibt nicht nur das persönliche Leid. Es gibt das große Leid aller Menschen, – Leid, das die Kriege über unschuldige Menschen bringen, über Menschen, die getötet wurden, den Mörder und den Ermordeten, die Mutter, die Ehefrau, die Kinder. Ob im Fernen Osten, dem Nahen Osten oder im Westen – überall gibt es dieses riesige menschliche Leid im Körperlichen und im Psychologischen. Bis der Verstand dieses ganze Problem versteht, kann ich mit dem Wort *Liebe* spielen, kann ich sozialen Dienst leisten und über die Liebe zu Gott sprechen, über die Liebe zum Menschen, über die Liebe zu dem allen, aber ich werde in meinem Herzen niemals wissen, was das ist. Ist also mein Geist, Ihr Geist, Ihr Bewußtsein fähig, diese Tatsache anzusehen, sie anzusehen und zu erkennen, welch außergewöhnliches Elend sie verursacht, nicht nur in einem anderen, sondern in einem selber? Erkennen Sie, wie Sie einen anderen seiner Freiheit berauben, wenn Sie verhaftet sind, – und wenn Sie selber verhaftet sind, berauben Sie sich Ihrer eigenen Freiheit. So fängt der Kampf zwischen Ihnen und mir an. Kann das der Verstand beobachten?

Weisheit stellt sich erst ein, wenn das Leid ein Ende gefunden hat. Weisheit kann man nicht mit Büchern kaufen. Weisheit kann man nicht von einem anderen lernen. Weisheit entsteht, wenn man das Leiden und alle seine Implikationen begriffen hat – nicht nur das persönliche Leid, sondern auch das allgemeine menschliche Leid, das der Mensch selber verursacht. Erst wenn Sie das überwinden, entsteht Weisheit.

Dann – um dieses Etwas, das wir mit Liebe bezeichnen, zu verstehen oder sie zu erreichen, meine ich, daß wir auch verstehen müssen, was Schönheit ist. Gestatten Sie, daß ich mich damit befasse? Wissen Sie, daß ist eines der am schwierigsten in Worte zu fassenden Dinge, aber ich werde es versuchen.

Wissen Sie, was es heißt, sensibel zu sein? Nicht sensibel in bezug auf Ihre Wünsche, auf Ihren Ehrgeiz, auf Ihre Kränkungen, auf Ihr Versagen und auf Ihre Erfolge – das ist ziemlich einfach. Wir sind fast alle sensibel, wenn es um unsere eigenen kleinen Wünsche geht, um unsere eigene kleine Jagd nach dem Vergnügen, um Angst, um Sorgen und Freude. Wir aber sprechen hier davon, sensibel zu sein – nicht in bezug auf etwas, sondern einfach körperlich und psychologisch sensibel zu sein. Im Körperlichen bedeutet Sensibilität, daß man einen sehr guten, verfeinerten Körper hat, der sowohl physisch als auch geistig gesund ist – einen sensiblen Körper, der nicht zuviel ißt, seinen Neigungen nicht hemmungslos freien Lauf läßt. Sie können das ausprobieren, wenn es Sie interessiert. Wir trennen hier jetzt nicht die Psyche vom Körper, das steht beides in Wechselbeziehung. Aber man kann psychologisch nicht sensibel sein, wenn man irgendwie verletzt ist. Wir Menschen werden psychologisch sehr verletzt. Wir haben tiefe unbewußte und bewußte Wunden, entweder selbst verursachte oder durch andere hervorgerufen. Wir werden in der Schule, im Zuhause, im Bus, im Büro oder in der Fabrik verletzt. Diese tiefe Verletzung, ob bewußt oder unbewußt, macht uns psychologisch unsensibel, stumpft uns ab. Beobachten Sie, wenn Sie das können, Ihr eigenes Gekränktsein. Eine Geste, ein Wort oder ein Blick reichen schon aus, um verletzt zu werden; und sie werden verletzt, wenn man Sie mit einem anderen vergleicht, wenn Sie versuchen, jemanden zu imitieren, wenn Sie sich einem Vorbild anpassen – egal ob Sie sich selbst dieses Vorbild setzen oder es ein anderer tut. Also sind wir Menschen im Innern verletzt, und aus diesen Verletzungen entstehen neurotische Aktivitäten – aller Glaube ist neurotisch, Ideale sind neurotisch. Kann man diese Verletzungen verstehen und sich dadurch von ihnen befreien; und niemals, unter keinen Umständen wieder gekränkt werden? Ich bin von Kindheit an verletzt worden durch verschiedene Vorkommnisse oder Unfälle – durch ein Wort, eine Geste, einen Blick, eine Geringschätzung, durch Nichtbeachtung. Diese Wunden sind da. Kann man sie beseitigen, ohne Narben zu hinterlassen? Bitte schauen Sie hin. Schauen Sie nicht woanders hin, schauen Sie sich selber an. Sie haben diese Wunden. Kann man sie beseitigen, ohne Narben zu hinterlassen?

Falls Sie eine Wunde haben, macht Sie das unsensibel, und Sie werden niemals wissen, was Schönheit ist. Sie können sämtliche Museen dieser Welt besuchen, Michelangelo mit Picasso vergleichen, ein Experte sein, diese Menschen und ihre Malereien zu erklären und zu studieren – aber solange ein Mensch verletzt und daher unsensibel ist, wird er niemals wissen, was Schönheit ist: Schönheit in den Dingen, die der Mensch geschaffen hat, in den Linien einer Architektur – Schönheit eines Berges, Schönheit eines Baumes. Falls im Innern eine Verletzung besteht, werden Sie niemals wissen, was Schönheit ist, und ohne Schönheit gibt es keine Liebe. Können Sie also erkennen, daß Sie im Innern verletzt wurden, dieser Verletzungen gewahr sein und nicht darauf reagieren – weder auf der bewußten noch auf der unbewußten Ebene?

Es ist recht einfach, der bewußten Kränkungen gewahr zu sein. Können Sie Ihre unbewußten Kränkungen erkennen? Oder müssen Sie durch den ganzen idiotischen Prozeß der Analyse gehen? Ich werde mich jetzt ganz schnell mit der Analyse befassen, um sie los zu sein.

Analyse setzt den Analytiker und den Analysierten voraus. Wer ist der Analytiker? Ist er ein anderer als der Analysierte? Wenn er anders ist, warum ist er anders? Wer hat den Analytiker erschaffen, der sich vom Analysierten unterscheidet? Wenn er sich unterscheidet, wie kann er die Sache kennen? Also ist der Analytiker der Analysierte. Das ist ganz offensichtlich. Wenn man analysiert, muß jede Analyse ganz vollständig sein. Das bedeutet, wenn irgendein kleines Mißverständnis vorliegt, kann man bei der nächsten Analyse wegen der vorausgegangenen Mißverständnisse nicht vollständig analysieren. Analyse setzt Zeit voraus. Sie können sich für den Rest Ihres Lebens mit Analysieren befassen, und Sie werden immer noch analysieren, wenn Sie im Sterben liegen.

Wie also kann der Kopf die unbewußten, tiefen Wunden, die Wunden, die die Rasse angesammelt hat, aufdecken, freilegen? Wenn der Eroberer das Opfer unterwirft, hat er es verletzt. Das ist eine rassische Wunde. Für den Imperialisten steht jeder unter ihm, und er hinterläßt eine tiefe, unbewußte Verletzung in denen, die er erobert hat. Sie ist da. Wie soll der Kopf alle diese versteckten, tief in den Winkeln des eigenen Bewußtseins liegenden Wunden freilegen? Ich erkenne, daß die Analyse eine Täuschung ist. Also keine Analyse! Bitte passen Sie auf. Keine Analyse – aber unsere Tradition ist es zu analysieren. Also habe ich damit die Tradition der Analyse verworfen. Tun Sie das jetzt? Was ist also im Geist geschehen, wenn er erkennt, daß die Analyse irreführend, fehlerhaft ist und sie verneint, verwirft? Ist er nicht von dieser Last befreit? Deshalb ist er sensibel geworden, er ist erleichtert, klarer, kann genauer beobachten. Der Geist wird also dadurch befreit, daß er eine Tradition, die der Mensch akzeptiert hat, –Analyse, Introspektion usw. – abgelegt hat.

Indem Sie die Tradition verneinen, verneinen Sie den Inhalt des Bewußtseins. Das Unbewußte ist die Tradition: die Tradition der Religion, die Tradition der Ehe, die Tradition von ein Dutzend Dingen. Und eine der Traditionen ist es, eine Verletzung zu akzeptieren und nachdem man sie akzeptiert hat, sie durch Analyse zu beseitigen. Wenn Sie nun die Analyse ablehnen, weil sie falsch ist, verneinen Sie damit den Inhalt des Unbewußten. Deshalb sind Sie von den unbewußten Verletzungen befreit. Sie brauchen das Unbewußte oder Ihre Träume nicht mehr zu analysieren.

Indem man also die Verletzung betrachtet und darauf verzichtet, das traditionelle Instrument zur Beseitigung der Verletzung anzuwenden, – das traditionelle Instrument, das heißt, daß man gemeinsam darüber spricht – Sie kennen das alles, was man so betreibt, Gruppentherapie und Einzeltherapie und Kollektivtherapie – löscht sie der Geist dadurch, daß er der Tradition gewahr wird. Wenn man diese Tradition verneint, verneint man die Verletzung, die diese Tradition akzeptiert hat. Der Geist wird dann außergewöhnlich sensibel – mit Geist bezeichnen wir hier alles: den Körper, das Herz, das Gehirn, die Nerven. Das Ganze wird sensibilisiert.

Jetzt fragen wir, was Schönheit ist. Wir haben gesagt, daß sie nicht im Museum, nicht auf Bildern, nicht im Gesicht ist und keine Reaktion auf den Hintergrund Ihrer Tradition ist. Wenn der Geist das alles ablegt, weil er sensibel ist und man das Leid an sich verstanden hat, – dann haben Sie Mitgefühl, und es stellt sich die Leidenschaft ein. Leidenschaft ist keine Lust, das ist offensichtlich. Lust ist die Fortsetzung des Vergnügens und das Verlangen nach Vergnügen in verschiedenen Formen. Wenn keine Verletzung mehr da ist und das Leiden als solches verstanden und überwunden wurde, dann stellt sich die Qualität der Leidenschaft ein, die absolut unerläßlich ist, wenn man das ungewöhnliche Gefühl von Schönheit begreifen will. Diese Schönheit kann nicht existieren, wenn das »ich« sich unentwegt beschäftigt. Sie mögen ein großartiger Maler sein, den die Welt als den größten Maler betrachtet, wenn Sie aber mit Ihrem gemeinen kleinen Selbst beschäftigt sind, sind Sie kein Künstler mehr. Sie unterstützen nur Ihre eigene selbstsüchtige Fortsetzung durch die Kunst.

Ein freier Geist ist jenseits dieses Gefühls von Leiden. Er ist befreit von allen Verletzungen und deshalb befähigt, niemals mehr unter keinen Umständen verletzt zu werden. Ob man ihm schmeichelt oder ihn beleidigt – nichts kann ihn mehr berühren, was nicht heißen soll, daß er Widerstand entwickelt. Im Gegenteil, er ist ganz besonders verletzlich.

Danach werden Sie mit der Entdeckung der Liebe beginnen. Ganz offenbar ist Liebe nicht Vergnügen. Jetzt können wir sagen, daß sie kein Vergnügen ist – nicht vorher – denn jetzt haben Sie das alles verstanden und abgelegt. Sie können sich immer noch an den Bergen, den Bäumen, den Flüssen, an den hübschen Gesichtern und an der Schönheit des Landes erfreuen. Wenn aber die Schönheit der Landschaft zur Jagd nach Vergnügen wird, hört sie auf, schön zu sein. Also ist Liebe kein Vergnügen. Liebe ist weder die Jagd noch das Vermeiden der Angst. Liebe ist nicht Verhaftetsein. Liebe kennt kein Leiden. Offensichtlich. Diese Liebe bedeutet, das Ganze zu lieben, und das ist Mitgefühl. Diese Liebe weist ihre eigene Ordnung auf, sowohl im Innern als auch außen. Diese Ordnung kann nicht durch die Legislative hergestellt werden. Nun – wenn Sie das verstanden haben und es im Alltag leben – andernfalls ist es wertlos, dann bleiben bloß eine Menge sinnloser Worte, nur Asche übrig – dann bekommt das Leben einen ganz anderen Sinn.

Madras, 5. Februar 1950

Frage: Wir alle erfahren, was Einsamkeit ist. Wir wissen um Ihren Schmerz und kennen ihre Ursachen, ihre Wurzeln. Aber was ist Alleinsein? Ist es etwas anderes als Einsamkeit?

Krishnamurti: Einsamkeit ist der Schmerz, die Qual der Einsamkeit, der Zustand der Isolation, wenn Sie von Ihrem Wesen her nirgends hinpassen, weder in eine Gruppe noch in ein Land, wenn Sie von anderen, von Ihrer Frau, von Ihren Kindern, von Ihrem Mann abgeschnitten sind. Sie kennen diesen Zustand. Nun, kennen Sie das Alleinsein? Sie nehmen es als selbstverständlich hin, daß Sie allein sind, aber sind Sie allein?

Alleinsein ist etwas anderes als Einsamkeit. Aber ohne Einsamkeit zu verstehen, können Sie das Alleinsein nicht verstehen. Verstehen Sie die Einsamkeit? Sie haben sie heimlich beobachtet, angeschaut, ohne sie zu mögen. Wenn Sie sie wirklich kennenlernen wollen, müssen Sie mit ihr schrankenlos, ohne Rückschlüsse, Vorurteil oder Spekulation kommunizieren. Sie müssen sich ihr in Freiheit und ohne Angst nähern. Wenn Sie die Einsamkeit verstehen wollen, müssen Sie sich ihr ohne das geringste Angstgefühl nähern. Wenn Sie an die Einsamkeit herangehen und erklären, daß Sie ihre Ursache, ihre Wurzeln kennen, dann können Sie sie nicht verstehen. Kennen Sie denn Ihre Wurzeln? Sie kennen Sie, indem Sie von außen darüber spekulieren. Kennen Sie den inneren Gehalt der Einsamkeit? Sie liefern hier bloß eine Beschreibung ab, und das Wort ist nicht die Sache, nicht das Wirkliche. Wenn Sie sie verstehen wollen, müssen Sie an sie herangehen, ohne das Gefühl, von ihr loskommen zu wollen. Schon allein der Gedanke, von der Einsamkeit loskommen zu wollen, ist in sich selber eine Form innerer Unzulänglichkeit. Sind nicht die meisten unserer Aktivitäten ein Ausweichen? Wenn Sie allein sind, stellen Sie das Radio an, zelebrieren Sie eine Puja, laufen den Gurus hinterher, klatschen mit anderen, gehen ins Kino, oder nehmen an Wettrennen teil. Ihr Leben ist eine Flucht vor sich selber, also werden die Fluchtmöglichkeiten übermächtig, und Sie streiten sich über die Fluchtwege, ob es das Trinken ist oder Gott. Das Problem ist, sie zu meiden, obgleich Sie verschiedene Fluchtmittel haben können. Sie können sehr großen psychologischen Schaden durch Ihr ehrbares Entrinnen anrichten, genauso wie ich gesellschaftlich durch meine irdischen Fluchtmittel. Wenn man aber die Einsamkeit verstehen will, muß alles Entrinnen aufhören. Nicht indem man Gewalt und Zwang anwendet, sondern indem man erkennt, wie falsch Flucht ist. Dann erst stehen Sie direkt dem »was ist« gegenüber, und das wahre Problem fängt an.

Was ist Einsamkeit? Wenn Sie sie verstehen wollen, dürfen Sie sie nicht benennen. Gerade das Benennen, die gedankliche Assoziation an andere Erinnerungen dieser Art verstärkt die Einsamkeit. Experimentieren Sie damit, und erkennen Sie das. Wenn Sie aufhören zu entfliehen, werden Sie erkennen, daß – ehe Sie nicht verstanden haben, was Einsamkeit ist – alles, was Sie diesbezüglich tun, eine andere Form des Entrinnens ist. Sie können die Einsamkeit nur dann überwinden, wenn Sie sie verstehen.

Das Problem des Alleinseins ist etwas ganz anderes. Wir sind niemals allein. Wir sind immer mit anderen Menschen zusammen, außer vielleicht wenn wir allein spazierengehen. Wir sind die Folge eines Gesamtprozesses, der sich aus wirtschaftlichen, sozialen, klimatischen und anderen Umwelteinflüssen zusammensetzt, und solange wir beeinflußt werden, sind wir nicht allein. Solange wir in diesem Prozeß der Anhäufung und Erfahrung stecken, kann es kein Alleinsein geben. Sie können sich vorstellen, daß Sie allein sind, indem Sie sich durch enge, individuelle, persönliche Aktivitäten isolieren, aber das ist kein Alleinsein. Erst wenn jeder Einfluß aufgehört hat, kann das Alleinsein bestehen. Das Alleinsein ist eine Aktion, die keine Folge einer Reaktion ist und auch keine Reaktion auf eine Herausforderung oder eine Anregung ist. Einsamkeit ist ein Isolationsproblem, und wir streben durch unsere Verbindungen nach Isolation, welche das Selbst an sich ist, das »Ich«, meine Arbeit, meine Art, meine Pflicht, mein Besitz, meine Beziehung. Es ist gerade der Denkprozeß, der die Folge aller Gedanken und Einflüsse des Menschen ist, der in die Isolation führt. Es ist kein Akt der Bourgeoisie, wenn man die Einsamkeit versteht. Sie können sie solange nicht verstehen, wie in Ihnen der Schmerz über diese unentdeckte Unzulänglichkeit ist, die mit Leere und Frustration einhergeht. Alleinsein ist keine Isolation, sie ist nicht das Gegenteil von Einsamkeit, sie ist ein Seinszustand, wenn alle Erfahrung, alles Wissen ein Ende haben.

Frage: Sie sprechen über Beziehung, die darauf gründet, daß man einen anderen zur eigenen Befriedigung benutzt, und Sie haben oft einen Zustand angedeutet, den man Liebe nennt. Was meinen Sie mit Liebe?

Krishnamurti: Wir wissen, was unsere Beziehung ist – Befriedigung auf Gegenseitigkeit, obgleich wir das bemänteln, indem wir es *Liebe* nennen. Das, was man benutzt, behandelt man zart und sichert es ab. Wir sichern unsere Grenzen, unsere Bücher, unseren Besitz. Wir sind in ähnlicher Weise darum bemüht, unsere Ehefrauen, unsere Familien, unsere Gesellschaft abzusichern, weil wir ohne sie einsam und verloren wären. Ohne den Elternteil fühlt sich das Kind verlassen. Sie hoffen, daß Ihr Kind das einmal wird, was Sie nicht sind, also wird das Kind zu einem Instrument Ihrer Eitelkeit. Wir wissen, in welchem Verhältnis ein Bedürfnis und die Behandlungsweise stehen. Wir brauchen den Postboten und er braucht uns, aber wir behaupten nicht, daß wir den Postboten lieben. Sehr wohl aber sagen wir, daß wir unsere Frauen und Kinder lieben, obgleich wir sie für unsere persönliche Befriedigung benutzen, und wir sind auch bereit, sie für die Eitelkeit, daß man uns patriotisch nennt, zu opfern. Dieser Prozeß ist uns nur allzu gut bekannt, und das kann unmöglich Liebe sein. Liebe, die benutzt, die ausbeutet und der es hinterher leid tut, kann nicht Liebe sein, denn Liebe ist keine Angelegenheit des Kopfes.

Nun wollen wir untersuchen und entdecken, was Liebe ist; entdecken und das nicht nur wörtlich, sondern indem wir diesen Zustand wahrhaftig erfahren. Wenn Sie mich als einen Guru benutzen und ich benutze Sie als meine Schüler, dann ist das gegenseitige Ausbeutung. Wenn Sie auf ähnliche Weise Ihre Frau und Kinder zu ihrer Unterstützung benutzen, ist das Ausbeutung. Ganz gewiß ist das keine Liebe. Wenn man benutzt, besitzt man auch. Besitz weckt unvermeidlich Angst, und mit der Angst kommen Eifersucht, der Neid, der Argwohn. Wenn man benutzt, kann Liebe nicht sein; denn Liebe ist keine Sache des Kopfes. Wenn man an einen Menschen denkt, bedeutet das nicht, daß man ihn liebt. Sie denken an einen Menschen nur dann, wenn derjenige nicht anwesend ist, wenn er tot ist, wenn er davongelaufen ist, oder wenn er Ihnen nicht das gibt, was Sie wollen. Dann setzt Ihre innere Unzulänglichkeit Ihren Denkprozeß in Gang. Wenn dieser Mensch Ihnen nahe ist, denken Sie nicht an ihn. An ihn zu denken, wenn er Ihnen nahe ist, heißt, daß Sie beunruhigt sind. Also nehmen Sie ihn als Selbstverständlichkeit – er ist da. Die Gewohnheit ist ein Mittel, um ruhig zu sein, so daß man Sie nicht stören kann. So wird man unvermeidlich unanfechtbar, wenn man jemanden benutzt – und das ist keine Liebe.

Was ist das für ein Zustand, wenn es keine Ausnutzung mehr gibt? Ausnutzung, die einen gedanklichen Hintergrund hat, der dazu dient, die innere Unzulänglichkeit im positiven oder negativen Sinn zu verbergen. Was für ein Zustand ist das, in dem das Gefühl der Befriedigung fehlt? Es liegt in der Natur des Verstandes, nach Befriedigung zu suchen. Sex ist eine Sinnesempfindung, die sich der Geist erschafft und vorstellt, und dann kommt es zur Handlung oder auch nicht. Hinter der Sinneswahrnehmung steht ein gedanklicher Prozeß, der keine Liebe ist. Wenn der Kopf dominiert und das Denken wichtig ist, gibt es keine Liebe. Dieser ganze Prozeß der Benutzung, des Denkens, des Vorstellens, des Festhaltens, des Einschließens, des Abstoßens, bildet Rauch, und wenn der Rauch abzieht, bleibt allein die Flamme der Liebe. Manchmal erfahren wir diese große, starke, ganze Flamme, aber der Rauch kommt zurück, weil wir nicht lange mit der Flamme leben können, die kein Gefühl von Nähe kennt, weder für den Einen noch für die vielen, weder persönlich noch unpersönlich. Die meisten von uns haben gelegentlich den Duft der Liebe und ihre Verletzlichkeit erlebt, aber der Rauch des Benutzens, der Gewohnheit, der Eifersucht, des Besitzens, des Vertrages und des Vertragsbruchs – das alles ist für uns wichtig geworden, und deshalb gibt es die Flamme der Liebe nicht. Wenn der Rauch da ist, fehlt die Flamme, aber wenn wir die Wahrheit des Gebrauchens verstehen, kommt die Flamme. Wir benutzen einen anderen, weil wir innerlich arm, unzureichend, trivial, klein und einsam sind, und wir hoffen, daß wir davon fliehen können, indem wir einen anderen benutzen. Auf ähnliche Weise benutzen wir Gott als Mittel zur Flucht. Die Liebe zu Gott ist nicht die Liebe zur Wahrheit. Sie können die Wahrheit nicht lieben. Die Liebe zur Wahrheit ist nicht ein Mittel zum Zweck, um etwas anderes, das Sie kennen, zu gewinnen, und deshalb gibt es immer die persönliche Angst, daß Sie etwas verlieren werden, was Sie kennen.

Sie werden die Liebe kennenlernen, wenn der Kopf sehr still ist und von seiner Suche nach Befriedigung und Auswegen frei ist. Zuerst muß der Verstand ganz still sein. Der Verstand ist die Folge des Denkens, und das Denken ist nur ein Übergang, ein Zweckmittel. Wenn das Leben zu einem bloßen Übergang wird, wie kann es da Liebe geben? Die Liebe stellt sich ein, wenn der Verstand auf natürliche Weise still ist, nicht still gemacht worden ist, wenn er das Unwahre als unwahr erkennt und das Wahre als wahr. Wenn der Verstand still ist, dann ist alles, was geschieht, ein Akt der Liebe und nicht ein Akt des Wissens. Wissen ist nichts anderes als Erfahrung, und Erfahrung ist keine Liebe. Erfahrung kann nichts von Liebe wissen. Die Liebe entsteht, wenn wir unseren Gesamtprozeß verstehen. Es ist der Anfang der Weisheit, wenn wir uns selber erkennen.